Stb

Jeanne Ruland

Traum & Wirklichkeit

Träume als Boten der Seele

Stb

Als Vorlage diente die 2006 im Schirner Hauptprogramm erschienene Ausgabe

1. Auflage 2011

ISBN 978-3-8434-3012-8

Umschlag: Murat Karaçay, Schirner
Illustrationen: Jeanne Ruland
Satz: Elke Truckses, Schirner

Printed by: OURDASdruckt!, Celle, Germany

www.schirner.com

Inhaltsverzeichnis

Alle Dinge begannen mit einer Vision.
Alle Dinge haben ihren Ursprung in der Vision.
Doch alle Dinge müssen dann noch ins Werk gesetzt werden.
Alles, was ist oder entsteht oder erzeugt oder geschaffen wird –
alles ist das Ergebnis eines Tuns oder Ausführens.
Selbst die Vision ist nicht ohne Voraussetzung:
Wir müssen sie suchen.
Wir müssen Visionen und Träume suchen
und unsere Träume dann leben.

Ausspruch der Ojibwa- (Nordamerika) und Chippewa-Indianer (Kanada)

Danksagung

Einen lieben Dank von Herzen all denjenigen, die mich auf diesem Weg geführt und bei der Entstehung dieses Werkes mitgewirkt haben. Lernen, Erfahrungen sammeln und Wissen anhäufen, das sind Dinge, deren wir nie müde werden sollten, denn mit jeder praktischen Erfahrung erweitert sich unser Raum.

So gilt mein außerordentlicher Dank – neben vielen anderen Lehrern und Lehrerinnen – Dr. Nida Chenagtsag, einem in Tibet geborenen Arzt, bei dem ich ein Seminar über tibetische Medizin und Traumpraxis besuchte. Er bereicherte meinen Fundus schamanischen Wissens, indem er mir eine weitere und noch tiefere Dimension des Träumens eröffnete. Bei ihm lernte ich, den Zusammenhang zwischen Krankheit und Traumbildern zu erkennen sie zu deuten, und erfuhr ich eine Erweiterung in der Traumpraxis. Ein kleiner Teil dieses übermittelten Wissens ist in dieses Buch in meinen eigenen Worten mit eingeflossen. Besonders danken möchte ich den Verlegern Markus und Heidi Schirner für ihr Vertrauen in mich und die Veröffentlichung dieses Werkes; weiter meiner Freundin und Lektorin Kirsten Glück, die dem Werk den nötigen Schliff gegeben hat, meinem

Mann Murat Karaçay, der die Bilder für dieses Buch mitgestaltet hat, sowie meinen Kindern Silva und Samy für ihre Geduld. Großer Dank gebührt auch den Teilnehmern an meinem ersten Traumseminar in Österreich, die ich in das Reich der Träume einführen durfte und die mich ihrerseits als Traumlehrer initiiert haben. Sie waren es auch, die mich ermuntert haben, dieses Buch zu schreiben. Hier wären zu nennen: Familie Dengel, Manuela und Wenni, Sabine und Andi, Manuela und Rainer, Diana, Maria, Meggy, Heli Argyll und Carmen. Einen weiteren Dank möchte ich Antara Reimann und Peter Thelen für die vielen gemeinsamen Erfahrungen und den bereichernden Austausch aussprechen.
Und ich möchte den Kindern danken. Denn es ist für uns Erwachsene wichtig, ihnen zuzuhören, wenn sie von ihren Träumen erzählen, und sie auf dieser Ebene zu begleiten. Dort öffnet sich die Welt der Seele mit all ihren Schätzen. Wir als Eltern, Lehrer, Paten, Freunde können den Kindern auf der inneren Ebene helfend und sanft beistehen – und dadurch lernen.

Möge dieses Buch den Weg des Träumens in einem neuen Licht erscheinen lassen. Mögen meine Leser durch die Verknüpfung von Traum und Wirklichkeit viele wunderbare und segensreiche Erfahrungen machen. Mögen die guten Träume Visionen werden und heilsame, segensreiche Visionen Wirklichkeit.

Jeanne Ruland

Persönlicher Weg

Träumen heißt nicht,
die Augen vor der Wirklichkeit zu verschließen.
Deutsche Volksweisheit

Ich würde mich als Träumerin bezeichnen. Ich erinnere mich noch an ganz frühe Träume aus meiner Kindheit: Ich konnte fliegen und mich mit Lichtgeschwindigkeit an Orte begeben, die ich in diesem Leben zu dem damaligen Zeitpunkt noch nicht kennen konnte, die ich aber später entdeckte und sofort wiedererkannte. Ich lernte, in die Träume, in das Traumgeschehen, einzusteigen und einen Albtraum zu besiegen.
Schon immer spielte der Traum eine zentrale Rolle in meinem Leben. Er brachte mir Botschaften, warnte mich, ließ mir Heilkraft zukommen und führte mich ins Leben zurück. Der Traum half mir, mein Gleichgewicht wiederzufinden, Bewusstsein und Informationen zu bekommen, Unterweisungen und Lehren zu empfangen, die Bibliothek des Herzens, welche die Erde ist, zu öffnen und darin zu lesen, mit Engeln und anderen Geistwesen in Kontakt zu treten, und er offenbarte mir den Weg zur Verbindung mit allem.
Als ich anfing, mich mit Schamanismus zu beschäftigen – ich war damals 16 Jahre alt –, hörte ich von den drei weiblichen

Möglichkeiten, den schamanischen Pfad zu beschreiten: den Weg der Kriegerin, den Weg der Pirscherin/Jägerin, den Weg der Träumerin. Aus einem Gefühl heraus wählte ich für mich selbst den letztgenannten, obwohl wohl jede/r von uns jeden Aspekt des Seins verkörpern kann und diese Wege fließend ineinander übergehen.

Im Laufe der Jahre hatte ich verschiedene Lehrer/innen, die mich in dieses Wissen einführten. Sie kreuzten meinen Weg und ich den ihren auf den Traumpfaden des Lebens. Ihnen bin ich zutiefst verbunden und dankbar dafür, dass sie mir den Zugang zum schamanischen Wissen eröffneten. Meine Reisen und mehrmonatigen Aufenthalte in Neuseeland und Australien ließen mich eintauchen in die Traumzeit, die ich dort sehr intensiv gespürt habe.

Es ist für mich mehr als richtig, über den Weg des Träumens in die schamanische Reihe einzusteigen, die ich zu verfassen vorhabe. Der Traum selbst wies mir diesen Weg. Er führt und leitet mich überall auf meinen irdischen Pfaden. Es gibt viele Wege und Ebenen des Träumens. Ich hoffe, dass ich sie in diesem Buch transparent machen kann.

Träumen heißt, hinter die sichtbare Seite der Dinge zu schauen. Träumen ist viel mehr, als wir annehmen – im Traum steckt unsere Lebensvision. Einen Traum zu verwirklichen, bedeutet, ihm zu folgen und ihn durch die aktive Handlung in die Wirklichkeit zu holen. Dies ist die größte Erfüllung des Traums.

Ich träumte, ein Engel berührte mein Sein. Er nannte mir seinen Namen und senkte ein Buch in mein Herz. Es strahlte golden, und wenn es aufgeschlagen wurde, leuchteten die Seiten in hellem klarem Weiß. Ich machte mich auf die Suche nach der Bedeutung für den Namen des Engels, der mir das Buch überbracht hatte. Sein Name bedeutet: »Verwirklichung Gottes«. Im Laufe meiner Suche bekam ich den Auftrag, mein erstes Buch zu schreiben – über die Engel und ihre Namen. Auf diese Weise wurde der Traum mein Wegweiser, und ich konnte einen Teil meiner Bestimmung verwirklichen, ohne dass ich jemals vorher im Leben daran gedacht hätte, ein Buch zu schreiben. Folgen wir unserer Berufung, unserem Traum, so wechseln wir von dem einen in den anderen Zustand und wieder zurück. Der Traum kann sehr flüchtig sein, er kann uns aber auch sehr klare und deutliche Botschaften vermitteln. Halten wir diese in unserem Bewusstsein wach, so wird der Traum zur Vision. Schaffen wir es, die Vision zu nähren, so verdichtet sich die Vision und wird schließlich Wirklichkeit. Wir erwachen in unserem Traum.

Es geht nicht nur darum, die Träume der Nacht zu beachten, es geht auch darum, den Lebenstraum zu erfüllen und ihn Wirklichkeit werden zu lassen. Denn im Traum wohnt unsere Bestimmung.

Wir alle haben oder hatten Träume von unserem Leben, und wir alle sind ihnen gefolgt, bewusst oder unbewusst. Traum und Wirklichkeit können an Schnittpunkten des Lebens, dort, wo die inneren und die äußeren Strömungen im Herzen des Menschen zusammenfließen, eins werden. Sie sind nicht so gegensätzlich, wie gemeinhin angenommen wird. Der Traum durchwebt die Wirklichkeit, und diese ist von einer feinen geistigen Energie durchzogen, welche die unsichtbaren Fäden des Schicksals verflicht und leitet. Hier ist der Traum und dort die Wirklichkeit. Nein, in Wahrheit sind sie eins, wollen eins werden.

Träume führen uns im wirklichen Leben.

Vorwort

Bild: Gabriele Zeiss

Der Traum ist das älteste Orakel der Menschheit.
Plutarch, Philosoph im antiken Griechenland

Dieses Buch ist dem Träumen gewidmet. Träumen bezieht sich dabei nicht nur auf den Traum, der uns in der Nacht, im Schlaf besucht – sondern auf den Zustand des Träumens an sich, der jedem lebendigen Wesen zu eigen ist: den Lebenstraum, den jeder in sich trägt. Den Traum von Glück, Frieden und Freiheit.
Der Traum ist ein Teil unserer geistigen Freiheit. Das Träumen wirkt hinter allem Lebendigen. Hinter der sichtbaren Form verbirgt sich die Traumzeit, wabert und webt die feine geistige Energie, die nicht zerstört werden kann. Zu allen Zeiten gab es Kulturen, denen der Traum heilig war. Ihm wurde eine besondere Aufmerksamkeit geschenkt, da er Botschaften aus einer anderen Wirklichkeit sandte und dem Menschen tiefgründige, vielschichtige und reichhaltige Wege offenbarte, wie er mit seiner geistigen Natur und damit einer höheren Ebene seines wahren Wesens in Kontakt treten konnte.
Ich möchte euch, liebe Leserinnen und Leser, in die Traumzeit mitnehmen und euch die Tiefe, Weisheit, Heilkraft und

Schönheit unserer träumenden Natur offenbaren. Durch den bewussten Umgang mit diesem Teil unserer selbst können wir die geheimen heiligen Bücher dieser Welt entschlüsseln und in ihnen lesen, die Zeichen und Spuren unserer Seele verstehen, unser Gleichgewicht wiederfinden und die uns innewohnenden Heilkräfte aktivieren.

Im Schamanismus ist die Erforschung der Träume mehr als eine analytische Abhandlung wissenschaftlicher Untersuchungen. Beim Träumen wird unsere Seele, unsere geistige Essenz, unsere Tiefe und Weite und unser Potenzial berührt. Es ist das Eintauchen in das Sein. Ich hoffe, dass ich euch mit diesem Buch einen neuen Blick auf die träumende Natur des Menschen schenken kann. Folgt mir einfach – Schritt für Schritt tiefer ins Land der Träume.

Ich weiß aus unleugbarer Erfahrung,
dass Träume zur Selbsterkenntnis führen.
Georg Christoph Lichtenberg,
deutscher Philosoph

Für einen Schamanen, einen schamanisch arbeitenden Menschen, zeigt sich beim Träumen das zweite Gesicht aller Dinge, ihre wahre Natur. Sie webt sich wie eine feine Energie durch das Tagesgeschehen. In der Nacht, wenn die Türen zur äußeren Welt geschlossen werden, erwachen die gesammelten lebendigen Eindrücke dieser Natur und offenbaren sich in unseren Träumen.

Träume dienen häufig einfach dazu, das Tagesgeschehen zu verarbeiten. Oft können wir uns am nächsten Morgen nicht erinnern, was wir geträumt haben, haben nur vage Vorstellungen davon oder können mit dem Traumgeschehen nicht viel anfangen, da wir uns von uns selbst entfremdet haben. Wenn

es in unseren Träumen wild wird, wenn wir Albträume haben und nicht mehr richtig schlafen können, nehmen wir entweder Schlaftabletten – oder wir beginnen, uns mit den Träumen, den Botschaftern unserer Seele, zu beschäftigen.
Wir wissen oft nicht, was wir hier sollen, wer wir sind, wo unser Platz ist und was wir mit unserem Leben anfangen können. So leben wir in einer relativ oberflächlichen Schicht unseres Seins. Und dennoch – wir träumen jede Nacht mindestens 2–3 Stunden. Gehen wir von 3 Stunden pro Nacht aus, so sind dies in der Woche 21 Stunden, im Jahr ca. 1 100 Stunden und bei einer angenommenen Lebenszeit von 70 Jahren 76 650 Stunden. Diese Traumstunden werden uns einfach so geschenkt. Sie kosten nichts, und uns mit dem, was sich in unserer Seele bewegt, auseinanderzusetzen, schenkt uns unbezahlbares Wissen.
Es lohnt sich, die Post unserer Seele zu öffnen und die Briefe, die sie uns sendet, zu lesen und zu deuten. Denn wir haben einen Auftrag und einen Platz; es gibt einen guten Grund, warum wir hier sind. Als Menschen sind wir Mittler zwischen Himmel und Erde. Wir sind untrennbar mit allem verbunden. Getrenntsein vermittelt uns das Gefühl von Verlust; Verbundensein gibt uns das Gefühl von Vollständigkeit. Alles und jedes befindet und bewegt sich innerhalb der Schöpfung, alles hat seinen Platz, seinen Wert und seine Ordnung. Träume helfen uns dabei, dies zu erkennen. Wir können ein glückliches Leben führen und zu unserer geistigen Essenz erwachen. Wir können lernen, ein Meister, eine Meisterin der Energie in uns zu werden.

Ein ungedeuteter Traum
gleicht einem ungelesenen Brief.
Talmud, Berachod 55a

Traumgeschichte – die Geschichte des Traums

Alles ist eins. Während des Schlafens ist die Seele
nicht abgelenkt, sie ist aufgenommen in die Einheit.
Wach und abgelenkt sieht sie die Unterschiede.
Tschuang-tse, Philosoph im alten China

In der Frühzeit des Menschen war der Traum heilig; er war verwoben und verbunden mit der Wirklichkeit. Frühe Erzählungen, Aufzeichnungen und Geschichten über die Träume finden sich in den Mythen, Legenden und Sagen dieser Welt. Es folgt nun ein allgemeiner Überblick über die Geschichte der Träume, die in allen Zivilisationen und jeder Epoche die Menschen bewegten, inspirierten, führten und eine magische Anziehungskraft ausübten.
In frühzeitlichen Kulturen und Erdreligionen wurde dem Träumen eine besondere Bedeutung beigemessen. Das Träumen war nichts von Mensch, Natur und Alltag Getrenntes, es war ein selbstverständlicher, wichtiger Bestandteil des Lebens selbst. Außerdem war es eine Brücke zwischen der materiellen physischen und der immateriellen geistigen Natur des Menschen. Da der Traumzustand anders ist als das Wachsein, betrachtete man ihn als eine andere Wirklichkeit. Träume waren Botschaften aus dem Andersreich, aus der geistigen Welt jenseits der Form, jenseits von Raum und Zeit. Träumen wurde eine besondere Hochachtung und Aufmerksamkeit entgegengebracht, da die Menschen zutiefst davon überzeugt waren, dass sie in höchstem Grade wichtig, wirksam, bedeutungsvoll und sinnhaltig waren. Der Traum führte sie auf dem Pfad des Lebens. Er brachte Wissen, Erkenntnis, Weisheit, Heilung, Verständnis, Verbundenheit und Achtung vor dem Leben. Darüber hinaus kündigte er auch Unheil, Krankheit und Tod an, sandte Warnungen und bereitete die Seele auf bevorstehende einschneidende Ereignisse vor. Träume machten das Leben reich, man fühlte sich durch sie verbunden mit allem, und das Leben selbst erhielt durch die Integration des Traums in den Alltag eine unglaubliche Tiefe, die es in der Einheit und der lebendigen Natur aller Dinge verwurzelte.

In zahlreichen Hoch- und Sonnenkulturen späterer Epochen finden wir den Traum sogar als Einweihungsweg. So war der Tempelschlaf Teil der Initiation bei den Azteken, Maya, Ägyptern, Griechen, Indern, Babyloniern …

Priester und Priesterinnen wurden damals in der Traumpraxis des Tempelschlafs ausgebildet. Dazu bereiteten sie sich auf besondere Weise auf den Schlaf vor, u. a. mit Fasten, Exerzitien, Meditationen, Übungen, bestimmten Kräutern und Waschungen. Sie lernten, ihr Bewusstsein zu schulen, ihre geistigen Kräfte zu entwickeln und zu lenken. Um die Botschaften der Götter zu empfangen, legten sie sich in bestimmten Tempeln nieder, die dem Traum zugeordneten Gottheiten und Heiligen gewidmet waren – wie z. B. Asklepios, dem Gott der Heilkunst. Die im Tempelschlaf empfangenen Träume wurden im Dienste von Kranken, Ratsuchenden, Menschen, die wichtige Entscheidungen zu treffen hatten, usw. gedeutet.

Der Rat, die Führung und die Botschaft der Träume wurden in den verschiedensten Angelegenheiten gesucht. Träume galten als göttliche Sendungen und Offenbarungen. Sie wurden mit in die Wirklichkeit hineingenommen, wo sie das Handeln der Menschen leiteten.

Obwohl die Bibel selbst von der Heiligkeit des Traumes, den göttlichen Sendungen, inspiriert ist und viele Heilige und Suchende über den Traum ihre Botschaften und Weisungen erhalten haben, wollte die Kirche zu einem späteren Zeitpunkt nicht länger akzeptieren, dass der Mensch sich über den Traum direkt, ohne Zwischenschaltung der Priester, mit Gott in Verbindung setzte. Infolgedessen wurde der Traum in seiner Bedeutung herabgesetzt und begann, als Teufelswerk zu gelten.

Durch das Weltbild der Aufklärung schließlich wurden Geist und Materie im Bewusstsein der Menschen getrennt. Die Naturwissenschaft wollte mit dem Traum nichts zu tun haben. Es zählte nur das, was man messen und beweisen konnte. Fantasie, Visionen und Vorstellungskraft wurden als Spinnerei abgewertet, galten als dem Verstand untergeordnet. Auf diese Weise verschloss sich ein Zugang zur Welt der Seele; die wenigen, für die er offen blieb, konnten ihn nur noch im Geheimen durchschreiten. In Anbetracht seiner Möglichkeiten befassten sich alle Geheimorden und -gesellschaften dennoch weiterhin mit dem Traum und der Traumpraxis.

Der Traum, die träumende Natur des Menschen, ist heute so aktuell wie früher. Durch die Rückeroberung des inneren Raums, die besonders durch Alfred Adler, Sigmund Freud – durch diesen insbesondere in seinem um 1900 geschriebenen Buch »Traumdeutung« – und C. G. Jung eingeleitet wurde, haben wir erneut Einlass ins Reich der Träume erhalten. Mittlerweile gibt es die vielfältigsten Traumanalytiker und Traumtherapeuten, die nach verschiedensten Ausbildungen auf ihre Weise mit den Träumen ihrer Klienten arbeiten.

Allmählich findet der Mensch wieder zu einem holistischen Weltbild und ganzheitlichen Verständnis alles Lebendigen. Das, was unsere Urahnen einst gewusst und gelebt haben, kehrt jetzt auf neue Weise in unser Bewusstsein zurück.

Unsere Fantasie, unser Traum, unsere Vorstellungskraft formen unsere Welt. Alles geschieht zuerst im Geiste, bevor es sich manifestiert. Man träumt praktisch alles, ehe es seinen Ausdruck in der Materie findet. Es lohnt sich, sich eingehend mit der träumenden Natur in uns zu befassen, sie ist ein wichtiger Teil von uns. Vielleicht erkennen wir bald wieder das Träumen hinter allem – dann beginnt das Erwachen.

Ein Traum ist unerlässlich,
wenn man die Zukunft gestalten will.
Victor Hugo,
französischer Schriftsteller

Nachfolgend nun ein kurzer Abriss zur Geschichte des Traums in verschiedenen Kulturen – eine ausführliche Auseinandersetzung mit diesem Thema wäre bücherfüllend.

Naturvölker und Schamanentum

Wer sehen will,
muss die Augen schließen.
(Quelle unbekannt)

Laut dem Autor James H. Brennan hat eine Untersuchung gezeigt, dass mehr als 57 Kulturen fest von der Existenz eines zweiten Körpers überzeugt sind. Auch die nordeuropäischen Völker waren vor ihrer Christianisierung davon überzeugt, dass der Körper im Traum auf Reisen geht und dabei die überlieferten Weisheiten aus den verschiedenen geistigen Reichen übermittelt bekommt.
Der Stamm der Azande in Afrika glaubt, dass der Mensch zwei Seelen hat. Eine davon heißt Mbisimo, und sie verlässt den Körper während des Schlafes, um Botschaften, Wissen, Heilkräfte usw. zu bringen. Die Bacairis in Südamerika behaupten, dass sich ein Schatten vom Körper löst und auf Reisen geht, wenn der Mensch einschläft … Dergleichen Beispiele gibt es noch viele, aber eine besondere Position haben hier die Ureinwohner Australiens. Die Traumwelt der Aborigines ist immer noch lebendig.

Aborigines

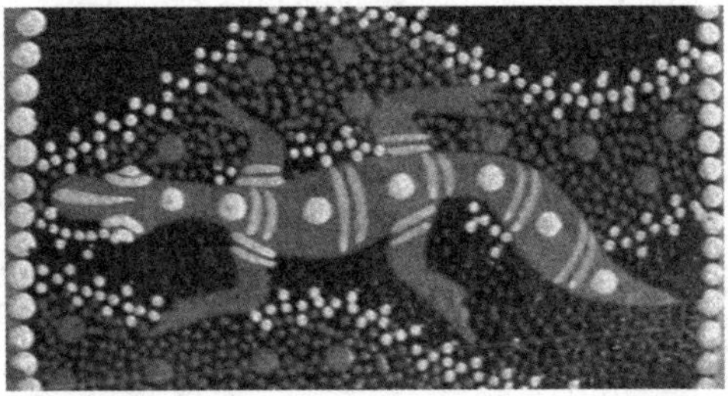

Es heißt, wir seien seit 60 000 Jahren da, aber wir leben schon viel länger hier. Wir sind schon in der Zeit vor der Zeit hier gewesen. Wir sind direkt aus der Traumzeit unserer schöpferischen Ahnen hierher gekommen, haben hier gelebt und die Erde so erhalten, wie sie am ersten Tag war.

Ein Aborigine

Die Aborigines sagen, dass sie aus der Traumzeit kommen und früher eins waren mit ihr, bis ein Teil von ihnen diese Ebene verlassen musste. Höhlenmalereien gelten als die ältesten Zeugen der Traumzeit. Man hielt die lebendigen bildhaften Visionen fest, um sie Wirklichkeit werden zu lassen.

Traum und Wirklichkeit existieren für die Aborigines nicht getrennt voneinander. Im Traum berührt uns der große Geist. Ohne das Träumen gibt es nichts. Träumen ist die Energie hinter allem. Der Traum ist die Kraft, welche hinter den sichtbaren Erscheinungen wohnt. Als Lebenskraft durchströmt sie alle Geschöpfe, außerdem gilt sie als Grundsubstanz der materiellen Welt.

Die Macht des Träumens ist in den Augen der Aborigines in allen Dingen, sie vibriert direkt hinter der Alltagswelt. Sie ist nicht zerstörbar, kann sich jedoch wandeln. Sie ist heute noch

genauso lebendig wie früher, doch der Mensch hat verlernt, die Träume zu sehen. Nur zu bestimmten Zeiten, an bestimmten Orten und durch bestimmte Rituale, die dem Menschen von den Wesen der Traumzeit mitgegeben wurden, kann er sich bewusst mit den Träumen verbinden und diese zweite Wirklichkeit erfahren. Er kann Kraft aus der Quelle schöpfen und neue Inspiration und neue Wege finden.
Vernachlässigt man das Träumen, so versäumt man mehr als die Hälfte seines Lebens. Für die Aborigines ist die Traumwirklichkeit genauso real wie die Alltagswelt. Sie leben in der Einheit der verschiedenen Zustände des menschlichen Geistes.

Die Geistahnen der Traumzeit hatten übernatürliche Kräfte und konnten sich nach Belieben in einen Menschen, in ein Tier oder in eine andere Form verwandeln. Nach ihrem Schöpfungswerk kehrten sie ins Land oder ins Meer zurück, oder sie erhoben sich in den Himmel ... Die Traumzeit ist ununterbrochen und gegenwärtig – ein Lebenszyklus ohne Anfang und Ende, eine parallele Realität, die alles enthält.

WayneArmytage,einerderletztengrossenSchamanenderAborigines

Schamanismus

Wir erzählen unseren Kindern die Geschichten unserer Schöpferahnen, damit sie nicht vergessen werden, und unsere Kinder werden diese Geschichten ihren Kindern erzählen, damit unsere Kultur für immer weiterlebt.
(Quelle unbekannt)

In vielen schamanischen Traditionen dieser Welt, die einen sehr ursprünglichen Zugang zur geistigen Natur der Dinge und eine Verbindung zu allem haben, was ist, geht man in der Welt des Traums ein und aus. Man sucht den Traum auf, weil man Hinweise zur Heilung sucht, an anderen Orten erscheinen oder bewusst in das Land des Regenbogens reisen will usw.
Im Schamanismus ist der Weg des Träumens einer der wichtigsten Einweihungswege. Träume haben dort eine hohe Priorität. Sie kündigen bevorstehende Ereignisse an, zeigen, wie es um die Heilungschancen eines Menschen bestellt ist, weihen den weisheitssuchenden Menschen ein … Aktionen oder Handlungen im Traumgeschehen werden so behandelt wie in der Realität. Für einen Schamanen gibt es zwischen beiden Ebenen keinen Unterschied – höchstens in Schwingung und

Dichte. Wurde zum Beispiel ein Cherokee-Indianer im Traum von einer Schlange gebissen, so wurde er tagsüber medizinisch behandelt. Dem Traumgeschehen wurde genauso ernsthaft und gewissenhaft begegnet wie der alltäglichen Wirklichkeit.
Das Leben ist ein ganzheitlicher Weg, zu dem alle Kräfte und Elemente gleichermaßen gehören. Im schamanischen Bereich gibt es Schulungen, in denen man lernt, seine Aufmerksamkeit zu verschieben und so die Energie direkt zu sehen und zu lenken. Es geht darum, alle Welten in Übereinstimmung zu bringen, sodass man die Wirklichkeit unmittelbar erfahren kann.

Weltreligionen, Mythen und Epen

Träume entspringen wachen Gedanken.
Chinesisches Sprichwort

In allen Religionen, Sagen, Mythen und Epen der Welt finden wir die tiefe Bedeutung und die bedeutungsvolle Wende durch den Traum beschrieben.

Die Sumerer

• • • • •

Träume sind Werke der Götter.
(Quelle unbekannt)

Das in Keilschrift verfasste sumerische Epos »Gilgamesch« gilt als das älteste Dokument der Traumdeutung. Es erzählt, wie der Held Gilgamesch – gemäß den Königslisten der Sumerer von 2652 bis 2602 v. Chr. König der mesopotamischen Stadt Uruk – von Ea, dem Gott der tiefen Wasser, Träume geschenkt bekommt und dadurch die Fähigkeit erlangt, die geheimsten Absichten der Götter zu deuten. Im Rahmen dieses Epos werden viele Traumarten dargestellt, wobei der Blick in die Zukunft die mystischste und tiefste Form des Traumes zu sein scheint.

Das alte Ägypten

Holz sägen ist gut: Seine Feinde sind tot.
Den Mond scheinen sehen ist gut:
Gott erhört einen Wunsch.
Sich selbst tot sehen ist gut: Er wird noch lange leben.
Leute weit weg sehen ist schlecht: Sein Tod steht bevor.
(auf Papyrus festgehaltene
altägyptische Traumdeutung)

Im alten Ägypten herrschte die allgemeine Vorstellung, dass der Mensch drei Seelen hat: Ba, Ib und Ka. Ba ist die Vogelseele, Ib das Herz und Ka der ätherische Doppelgänger, der ein Abbild des physischen Körpers aus feinstofflicher Substanz ist. Träume und Traumdeutung galten als hohe Wissenschaft. Hohepriester und -priesterinnen waren in die Kunst des Träumens, in die Traumdeutung und in den Tempelschlaf eingeweiht. In den überlieferten Dokumenten finden sich über 200 verschiedene, in Hieroglyphen festgehaltene Traumdeutungen, die im 2. Jahrtausend v. Chr. entstanden sind.
Gute Träume kamen vom Sonnengott Horus, schlechte vom Unterweltgott Seth. Seth war der Urheber von Dürre, Stürmen, Unwettern und strafte durch schlechte Träume. Der Traum war ein Mittler zwischen Göttern und Menschen, zwischen dem

Diesseits und dem Jenseits. In speziellen Tempeln konnte man über den Traum mit der geistigen Wirklichkeit, den Göttern und den mächtigen Kräften des Universums, in Kontakt treten. Das Auge des Horus ist heute noch ein wichtiges Symbol. Es steht für die Traumfähigkeit und hilft, bewusst zu träumen und ins universelle Bewusstsein zu erwachen.

China

> *Ich, Tschuang-tse, träumte einst, ich sei ein hin und her flatternder Schmetterling, in allen Zwecken und Zielen ein Schmetterling. Plötzlich erwachte ich, und da lag ich selbst. Nun weiß ich nicht: War ich da ein Mensch, der träumt, er sei ein Schmetterling, oder bin ich jetzt ein Schmetterling, der träumt, er sei ein Mensch?*
>
> Tschuang-tse, Schüler des chinesischen Philosophen Lao-tse

In China beschäftigte man sich sehr früh mit der Traumdeutung. Aus der Zeit der Zhou- (auch: Chou-)Dynastie, ca. 1100 v. Chr., gibt es entsprechende Aufzeichnungen. Es herrschte damals der Glaube, dass Träume von guten oder bösen Geistern geschickt werden. Man war der Ansicht, dass die Traumexistenz eine Art zweites Leben darstellt, das der Mensch führt. Das Träumen und das wirkliche Leben wirkten Hand in Hand.

Indien

Auf Bitten von Brahma spricht die Göttin Tripura und erläutert ihr Wesen: »Ich bin das Bewusstsein, welches den drei Zuständen Wachen, Träumen und Schlafen zugrunde liegt, und ruhe auf den vier Säulen Brahma (Schöpfung), Vishnu (Erhaltung), Shiva (Zerstörung) und Ishvara (Auflösung).«

Zitat aus den Veden

In den indischen Veden, die um 1000 v. Chr. entstanden sind, finden sich lange Abhandlungen über das Träumen; u. a. werden darin gute und schlechte Träume unterschieden. Außerdem werden alle Zustände des Träumens als Seinszustände betrachtet: Wachzustand, Träumen, Tiefschlaf und Sein im Selbst.

Buddhismus

So sollt ihr diese flücht'ge Welt beschau'n:
wie einer Sommerwolke Wetterleuchten,
wie einen Stern im ersten Morgengrau'n,
wie einer Flamme unbeständ'gen Schein,
wie einer Welle schnellverwehten Schaum,
wie ein Phantom, ein Trugbild ohne Sein,
wie eines schlafverfall'nen Geistes Traum.
(Prajna Paramita Sutra)

Die Geburt von Siddhartha Gautama, dem Prinzen, der später zum historischen Buddha wurde, kündigte sich durch einen Traum an. Buddhas Mutter träumte während der Schwangerschaft, dass ein silberweißer Elefant von der Seite in ihren Körper eingedrungen war. Hindupriester interpretierten den Traum als Hinweis auf die Geburt eines großen Herrschers, eines Erleuchteten. Buddhas Berufung erfolgte ebenfalls durch einen Traum.

Tibetische Bön-Tradition und tibetischer Buddhismus

Nichts geschieht, ohne dass ein Traum vorausgeht.
Jetsun Milarepa, bedeutender tibetischer Heiliger

Bön war die in Tibet vorherrschende Religion, als im 8. Jahrhundert der Buddhismus ins Land gelangte. Es kam zu einer starken gegenseitigen Beeinflussung der beiden Religionen, woraus der tibetische Buddhismus (Vajrayana) entstand. Mit einer aus dieser Tradition stammenden Praxis kann man lernen, beim Träumen eine klare Bewusstheit aufrechtzuerhalten, Energien zu verstärken und das Traumgeschehen gezielt zu lenken. Neben einem üppigen überlieferten Wissensschatz gibt es auch eine reichhaltige tibetische Literatur zur aktiven Traumpraxis, welche einen Weg zur Erleuchtung darstellt. Der Traum spielt in diesem Kulturkreis eine zentrale Rolle. Er zeigt an, wie es um einen Menschen, einen Ort, eine Lage bestellt ist. Träume werden darüber hinaus auch in der tibetischen Medizin genutzt, um Lage, Heilchancen, Entwicklung einer Krankheit zu enthüllen. Dort finden wir viele Traumpraktiken, die heute noch von Eingeweihten aktiv praktiziert, publiziert und gelehrt werden.

Unser Traum hat ein Gesicht und einen Namen;
unser Traum spricht zu uns, in weiser Herzlichkeit
und klugem Wohlwollen.
(Quelle unbekannt)

Zen-Buddhismus

Ein alter Buddha sprach: »Zu deinem Heil erkläre ich dir zusammen mit allen Buddhas der drei Welten und den sechs Patriarchen den Traum innerhalb eines Traums.« Wenn wir diese Worte hinterfragen, erkennen wir: Auf eine Blume zu zeigen und Mahakasyapas Lächeln, das erklärt den Traum innerhalb eines Traums.*

Muchusetsum, japanischer Dogen-Zenji-Meister

Im Zen-Buddhismus, der vorwiegend in China, Korea und Japan praktiziert wird, finden wir die Auseinandersetzung mit Traum und Wirklichkeit. Die Fragen reichen dabei bis in den metaphysischen Bereich: Wie wirklich ist die Wirklichkeit? Kann man einen Traum im Traum erklären? Wie kann man aus dem Traum im Traum erwachen?

Hier ein Auszug aus den Schriften von Muchusetsum, einem Dogen-Zenji-Meister: »Nachdem wir diese Worte des Buddha studiert haben, müssen wir die Bedeutung und die Tiefe der Gemeinschaft der Buddhas vollständig meistern. Dies ist keine Allegorie oder Metapher. Weil das wundervolle Gesetz aller Buddhas nichts anderes ist, als Buddha übermittelt durch Buddha, formen alle Dharmas, gegenwärtig in Träumen und

---

* Mahakasyapa: Der historische Buddha Shakyamuni drehte der Legende nach eine Blüte zwischen seinen Fingern. Nur ein Schüler, Mahakasyapa, auch Mohe Jiashe oder Kasyapa genannt, verstand diese Geste unmittelbar als zentralen Punkt der Lehre Buddhas. Daraufhin erklärte der Buddha, all seine Weisheit und sein Geist seien nun auf Mahakasyapa übergegangen. Damit war das Rad (Dharma) der Buddha-Lehre in Bewegung gesetzt, und Mahakasyapa wurde der erste einer Folge von buddhistischen Patriarchen. Diese Legende ist der Gründungsmythos des Zen-Buddhismus, der sich im 5. Jahrhundert in China ausbreitete und im 12. Jahrhundert von dort nach Japan gelangte.

Erleuchtung, Realität. Innerhalb der Erleuchtung ist Entschluss, Übung, Erwachen und Nirwana; ebenso ist im Träumen Entschluss, Übung, Erwachen und Nirwana. Träume und Erleuchtung formen Realität – dabei gibt es kein groß oder klein, hoch oder niedrig.«

Wenn unsere Augen nicht schlafen,
lösen sich alle Träume auf.
Meister Konchi Sosan, japanischer Zenmeister

Die alten Germanen

Dies rat ich, Loddfafnir, vernimm die Lehre,
wohl dir, wenn du sie merkst.
Steh nachts nicht auf, wenn die Not nicht drängt,
du wärst denn zum Wächter geordnet.
Edda, nordischer Mythos

Der Name Edda bedeutet »Urgroßmutter«, sein Sinn als Buchtitel ist allerdings nicht klar. Entstanden sind die Lieder der Älteren Edda zwischen 800 und 1200 n. Chr. – die späteren in Island, die früheren in Norwegen oder norwegischen Kolonien auf britischen Inseln; das jüngere Atli-Lied kam von Grönland. Die Verfasser der Lieder sind unbekannt; das ist für Dichtungen des früheren Mittelalters nicht ungewöhnlich. In der Edda und im Nibelungenlied finden wir die wichtigsten Ereignisse überwiegend mit Träumen verknüpft.

Das antike Griechenland

• • • • •

Mögen die seligen Götter mir den Traum
zum Besten kehren!
Sage der Europa

In der griechischen Mythologie finden wir viele Traumbeschreibungen. Ein Beispiel zeigt Homer in seiner Ilias, wo Agamemnon aufgrund eines von Zeus gesandten Traumes seine Getreuen und Verbündeten zum Feldzug gegen Troja antreten lässt. Auch in Griechenland gab es den Tempelschlaf. In bestimmten Tempeln, z. B. in jenen, die Asklepios, dem griechischen Gott der Heilkunst, geweiht waren, wurde der Traum durch Bäder, Kräuter, Räucherungen, Opfergaben angeregt und diente der Heilung. Hippokrates von Kós, 460–370 v. Chr., der Urvater aller Ärzte, entwickelte bestimmte Theorien zum Traum. So stellte er fest, dass ein Mensch, der gesund ist, logisch träumt; die Reihenfolge der Traumereignisse stimmt, und die Geschehnisse sind in sich schlüssig. Ist ein Mensch jedoch krank, so sind seine Träume wirr; je schlimmer die Entstellung des Traumes, desto heftiger ist die Krankheit, die ein Mensch in sich trägt. Er machte seine Heilbehandlungen vom Traum des Kranken abhängig. Diese Vorgehensweise finden wir übrigens auch in der tibetischen Bön-Tradition und noch heute in der tibetischen Medizin.
Aristoteles, 384–322 v. Chr., griechischer Philosoph, Naturforscher und einer der einflussreichsten Denker der abendländischen Geschichte, betrachtete den Traum als eine Art Seelenerleben. Er sagte, dass Erkrankungen im Traum bereits wahrgenommen werden, noch bevor sie tatsächlich ausbrechen.

Christentum

Den Seinen gibt's der Herr im Schlaf.

Psalm 127, Vers 2

Träume wurden im Christentum in drei Kategorien eingeteilt: Träume, welche die Gottheit enthüllen; Träume, welche den spirituellen und körperlichen Gesundheitszustand enthüllen; und Träume, welche die Zukunft verheißen – sogenannte Weissagungsträume. In der Bibel finden wir viele Texte über Träume, welche Gottes Wort und Gottes Willen offenbarten, außerdem jede Menge Traumerzählungen. Da gibt es den Traum des Pharaos von den sieben Kühen und Ähren, den Propheten Daniel, welcher als Traumdeuter bekannt wurde, die Offenbarungen des Johannes usw.

Die frühen Christen glaubten, dass Träume von Gott gesandt seien. Später jedoch tat sich die Kirche, die sich als alleiniges Verbindungsglied zwischen Gott und Mensch betrachtete, schwer, die »Direktleitung« zwischen Mensch und Gott im Traum zu akzeptieren. Abgesandte der Kirche begannen, gegen die Gefahr, die Träume darstellen konnten, zu predigen – obwohl viele Heilige ihre Einweihungen und Offenbarungen nach wie vor über den Traum empfingen.

Um 540 n. Chr. verbot Papst Gregor II. erstmalig die Traumdeutung unter Androhung des Todes. Träume galten nun als Verführungsversuche des Teufels. Mit Beginn der Hexenverfolgung wurden das Träumen und die Deutung zu Hexenwerk. Das Wissen um die Träume verschwand in den Untergrund; es konnte nur noch im Geheimen existieren und weitergegeben werden.

Islam

610 n. Chr. hatte Mohammed einen Traum: Der Erzengel Gabriel erscheint ihm und beauftragt ihn, die Botschaft Allahs zu verkünden. Er ist der letzte Prophet, das Siegel der Propheten aus einer langen Reihe von Propheten, die unter anderen Adam, Joseph, Abraham, Moses, Noah und Jesus umfasst. Er sollte seine Vision noch geheimhalten.
(Mohammed – rororo-Bildmonographien)

Im Koran, der heiligen Schrift der Muslime, finden wir viele Traumerzählungen. Dem Propheten Mohammed erschienen im Traum Engel. Er deutete seine nächtlichen Bilder und die seiner Begleiter. Ein Muslim glaubt, dass Allah selbst wirkungsvolle Träume nur an wahrhaftig Gläubige sendet.

Geheimgesellschaften und Mystiker

Es hallt ein Schrei durch Zeit und Raum:
»Ich bin ein Stern unter Sternen!«
Das Ende war der Anfang unendlicher Aeonik,
die Unendlichkeit nur ein böser Traum.
(Quelle unbekannt)

Viele Geheimbünde und Geheimgesellschaften – Rosenkreuzer, Freimaurer, Order of the Golden Dawn (zu deutsch: Orden der goldenen Morgenröte) etc. – arbeiteten mit dem Traum, dem Erwachen im Traum, der Ätherprojektion und der Astralreise. Wissen, das dort gelehrt wurde, musste streng geheim gehalten werden. Der Schüler sollte sich das Traumgeschehen nach und nach mit seinem Bewusstsein erobern, dabei sollten die Sinne im Schlaf wach bleiben.

Die Pflege des Traumerlebens ist ein wichtiger Teil aller mystischen, magischen und okkulten Logen, Orden und Geheimgesellschaften, durch das der Adept zu einem kontinuierlichen Bewusstsein gelangt. Es wurde viel experimentiert, erforscht und ausprobiert, und in einigen Traditionen wurde das Wissen um die Träume nicht immer im Sinne der lichten Kräfte angewandt. Traum, Traumdeutung und Traumpraxis enthalten viele magische Aspekte, die an sich neutral sind – es liegt an uns, ob wir sie bewusst im Sinne des Guten einsetzen.

Moderne Traumanalyse

Der Traum ist eine Wunscherfüllung.
Sigmund Freud,
österreichischer Psychoanalytiker

Der Wiener Nervenarzt Sigmund Freud entwickelte Ende des 19. Jahrhunderts die Psychoanalyse, welche über den »Königsweg« der Träume Zugang zum Unbewussten findet und psychische Störungen heilen kann. Freud verhalf der Kunst der Traumdeutung zu einem neuen Aufschwung. Sein Verdienst ist darüber hinaus die Beschäftigung mit dem Unbewussten. Viele Traumwege, Traumtheorien, Traumausbildungen, Traumdeutungsbücher der heutigen Zeit sind durch Freuds Arbeit geprägt. Im Rückblick erscheinen seine Deutungen recht einseitig, denn er betrachtete die meisten Traummotive als Ausdruck einer neurotischen Einstellung und als Zeichen verdrängter Sexualität – doch das schmälert seine Leistung als Wegbereiter der modernen Traumanalyse keineswegs!

Carl Gustav Jung

Schweizer Arzt und Psychotherapeut (1875–1961)

Die meisten Träume spiegeln uns unsere Wirklichkeit in symbolischer Form.
C. G. Jung

C. G. Jung war ein bedeutender Schweizer Arzt und Psychotherapeut. Anders als Sigmund Freud interessierte er sich sein Leben lang für die fernöstlichen Philosophien und Religionen. Auf ihn geht die Methode der analytischen Psychologie zurück, die er in Abgrenzung zur Psychoanalyse Sigmund Freuds begründet hatte.
Ein wichtiger Unterschied zwischen C. G. Jung und Freud ist, dass Jung die religiöse Dimension als heilende Kraft der Psyche ernst genommen und nicht wie Freud vor allem als Ausdruck einer neurotischen Einstellung betrachtet hat. Darüber hinaus kritisierte Jung, dass Freud in seiner Sexualtheorie den menschlichen Ausdruck der Geistigkeit vor allem als verdrängte Sexualität zu deuten suchte.
Als C. G. Jung damit begann, lange Traumserien (von zum Teil mehreren hundert Träumen eines einzigen Klienten) auszuwerten, machte er eine bahnbrechende Entdeckung: »Sie [die Träume] scheinen zusammenzuhängen und in tieferem Sinn einem gemeinsamen Ziel untergeordnet zu sein, sodass eine

lange Traumserie nicht mehr als ein sinnloses Aneinanderreihen nicht zusammenhängender und einmaliger Geschehnisse erscheint, sondern als ein wie in planvollen Stufen verlaufender Entwicklungs- und Ordnungsprozess.«

Wenn wir schlafen, arbeitet unsere Seele an unserer Ganzwerdung. Dies ist ein wundersamer Prozess, der uns um so mehr staunen lässt, je tiefer wir in das Geheimnis der Trauminszenierungen eindringen. In unserem Alltagsleben entfernen wir uns durch Anhaftungen, Ängste, Illusionen, unangemessenes Reden und Handeln usw. immer wieder aus unserer Mitte. Wir merken dies daran, dass wir nicht zentriert, nicht in Balance, unausgeglichen sind. Während des Schlafs und in tiefer Trance stellt uns unsere Seele kompensatorisches Traummaterial zur Verfügung, und zwar in Form von Bildsequenzen, welche die symbolischen, mythologischen und archetypischen Grundmuster enthalten, die wir brauchen, um die Waagschalen wieder ins Gleichgewicht zu bringen.

C.G. Jung

C. G. Jung spielt in der heutigen Traumforschung nach wie vor eine wichtige Rolle. Seine Bücher sind eine wertvolle Grundlage für die Praxis des Träumens und heute noch so aktuell wie damals. In neuerer Zeit gibt es jede Menge Schlaf- und Traumforscher; einige ihrer bekanntesten Forschungsergebnisse werden in diesem Buch vorgestellt.

Träumen,

unsere zweite Natur

Man träumt praktisch alles, bevor es geschieht.
Jeder Zustand wird zuerst geträumt,
ehe er sich verwirklicht.
Alle Menschen sollten ihre Träume beachten.
Edgar Cayce, amerikanisches Medium,
auch als schlafender Prophet bekannt

Das Träumen ist unsere zweite Natur. Jeder Mensch träumt, ob er sich dessen bewusst ist oder nicht. Es ist wie eine geistige Filmspule, die neben der Realität herläuft und alles aufnimmt – so wie es empfunden wurde, eingefärbt, den eigenen Mustern, Glaubenssätzen, Erfahrungen und Lebensthemen entsprechend. Wenn wir die Augen schließen, so beginnt diese Spule eine eigene Bewegung nachzuzeichnen, dokumentiert jeden Augenblick unseres Lebens.

Probiere es aus: Schließe für einige Zeit deine Augen. Schaue, wie du dich fühlst. Vielleicht siehst du Bilder? Fühle die Bewegungen und Tendenzen in dir. Bist du fit, müde, voller Liebe, im Leid … ? Hängst du Erinnerungen nach, steckst du in der Vergangenheit fest, oder bist du ganz in der Gegenwart? Mache dir diese innere Bewegung mehrere Male am Tag bewusst, denn sie erschafft deine Realität. Das ist die feine Spule in dir und der Traumfaden, der sich Tag für Tag spinnt. In der Nacht, im Schlaf, bewegt sich deine geistige Natur durch das feine Energiegewebe deines Seins.

Da unsere Vorfahren mehr in der Natur lebten und die Natur mehr in ihnen, waren sie in der Lage, in der Bewegung des Laubs das Flüstern der Windgeister zu hören, die Zeichen im Flug der Vögel zu erkennen und die Spuren der Traumpfade zu lesen und nach ihnen zu handeln. Zu bestimmten Zeiten suchte man die Wesen der Traumzeit auf, und dafür ausgebildete Menschen fragten sie in vielen Angelegenheiten des täglichen Lebens um Rat, erbaten Führung, suchten Anleitung zur Heilung … Die Menschen nutzten ihre Träume als Wegweiser im täglichen Leben.

Der Traum steht mit der wässrigen, intuitiven, fühlenden, weiblichen Natur unseres Wesens in Verbindung. Er steigt in uns auf wie das Feuchte, der Morgentau, der Atemhauch, der Nebel, der feine Dunst und weht als feiner Schleier zwischen den Welten um uns und in uns. Er ist die Grundlage unserer Seele. Wie das Wasser, so kann auch unser wässriger Wesensanteil sich wandeln, kann auf den Urgrund sinken, aufsteigen, am Himmel entlangziehen und wieder hinabfallen zur Erde, sich dehnen und zusammenziehen, einsinken, sich verbinden und in der Unendlichkeit verlieren. Alles pulsiert, durchläuft Zyklen und Kreisläufe, welche immer wiederkehren, immer auf andere Weise.

Die wahre Natur des Menschen ist geistig. Wenn wir geboren werden, belebt uns die geistige Natur mit dem ersten Einatmen, und wenn wir sterben, verlässt uns die geistige Natur mit dem letzten Ausatmen. Sie kehrt in ihre geistige Heimat zurück, und eine leere leblose Hülle bleibt zurück – das Leben, der Lebenshauch ist gegangen.

Marie Louise von Franz zeigt in ihrem Buch *Traum und Tod* (München 1984) auf, dass unser Unbewusstes uns schon Jahre bis Jahrzehnte vor unserem Tod auf die Zeit nach diesem Erdenleben vorbereitet. In vielen spirituellen Praktiken geht es darum, diesen Traumkörper – das Diamantfahrzeug (buddhistischer Ausdruck, der einen Weg der religiösen Praxis beschreibt) – aufzubauen und zu stärken, damit man vorbereitet ist auf die ewige geistige Natur in sich, also in das geistige Sein erwacht.

Diese geistige Natur in uns ist feiner, dehnbarer, durchdringender, feiner schwingend, leichter als die physische Form unseres Körpers. Diese geistige Natur von uns Menschen, die uns lebendig sein lässt, die unsere Gedanken, Handlungen, Gefühle etc. steuert, wirkt immerfort, solange wir leben. Sie spricht zu uns in Träumen, Visionen, Bildern, Farben, Klängen, Mustern, Gerüchen, Zeichen und Symbolen. Unsere geistige träumende Natur wirkt ständig und immerfort in unserer inneren Welt, während wir uns äußerlich mit anderen Dingen beschäftigen. Diese geistige Natur in uns – unser träumendes Sein – können wir aktiv und bewusst erfahren, stärken und aufbauen.

Traumkraft ist Schöpferkraft. Kraft unserer Träume und Visionen können wir Realität schaffen und manifestieren.

Die Aufgaben des Traums

Träume nicht dein Leben, lebe deinen Traum!
(Quelle unbekannt)

Der Traum hat verschiedene Aufgaben; er dient ...

- ... der seelischen Aufarbeitung des Tagesgeschehens;
- ... der Verarbeitung von Konflikten;
- ... der Wiederherstellung des seelischen Gleichgewichts;
- ... der Artikulation von unerledigten Problemen mit dem Ziel, für diese Lösungen zu finden;
- ... der Offenbarung verdrängter Aspekte;
- ... der Entfaltung der Persönlichkeit und des verborgenen Potenzials;
- ... der Erlösung von Karma und der Erschließung tiefer seelischer Schichten;
- ... der Befreiung von inneren Fesseln;
- ... der Manifestation seiner selbst;
- ... dem geistigen Erwachen.

Der Traum ist ein wahrhaft sinnvoller Vorgang. Der Trauminhalt wird als Teil der Seele aufgefasst, der über die Traumbilder zu uns spricht. Der Traum ist für den Wachzustand von großer Bedeutung, wie Volksweisheiten »Eine Nacht über ein Problem schlafen«, »Die Antwort im Schlaf finden« u. Ä. belegen, zumal wir mit seiner Hilfe einiges über unsere seelische Befindlichkeit erfahren können.
Der Traum in uns führt uns in der Realität: der Traum von Erlösung führt uns auf den Pfad der Erleuchtung, der Traum von Führung führt uns zu einer Führungsposition im Leben. Aber auch Albträume können uns führen: Der Traum von Mangel z. B. führt uns in die geistige und wirkliche Armut.

Zeichen senden

In der alltäglichen Wirklichkeit sendet uns unsere träumende Natur Zeichen, Botschaften und Boten.

Spiegelung der inneren Realität

Wir schaffen Realität. Unsere innere Realität, unsere innere Aufmerksamkeit, schafft äußere Umstände. Durch die träumende Natur in uns erfahren wir unsere Umwelt so, wie wir sie empfinden. Geht es uns gut, so strahlt unsere Umwelt. Geht es uns nicht gut, so sieht alles grau aus.

Aufarbeitung des Alltagsgeschehens – Reflexion

Im Traum wird materielle Substanz – Erfahrungen, die wir im Wachzustand gemacht haben – in Lichtsubstanz – Erinnerungen – umgewandelt; ganz so wie eine Kerze durch das Feuer Wachs verbrennt und in Licht wandelt.

Reinigungs- und Läuterungsprozess

Im Schlaf erholen wir uns von den Eindrücken und Erfahrungen des Alltags. Dann beginnen auf allen Ebenen die Reinigungsprozesse. Unser Körper fängt an, sich zu entgiften. Parallel dazu versucht unsere Seele – die feinstoffliche Natur unseres Seins –, das innere Gleichgewicht im Traum wiederherzustellen.

Einweihungsweg

Durch das Träumen können wir Erkenntnisse über das Leben gewinnen. Wenn wir uns der spirituellen Praxis widmen und Energie aufbauen, werden wir in unseren Träumen entsprechende Erfahrungen machen. Sie zeigen uns an, ob unsere spirituelle Entwicklung voranschreitet. Wir können lernen, unser Leben durch das Träumen lichtvoll zu verändern.

Aufbau des Diamantkörpers, Hauchkörpers – unser zweites Gesicht

Durch die Traumpraxis können wir unseren Hauchkörper – auch Diamantkörper, diamantenes Fahrzeug, zweites Gesicht, Auferstehungskörper ... genannt – aufbauen. Wir alle tragen den Samen des Lichtes, den göttlichen Funken in uns. Deshalb besteht unsere Aufgabe darin, durch einen aktiven, nach innen gerichteten Prozess den Diamantkörper aufzubauen.
Marie Louise von Franz schreibt dazu in ihrem Buch *Traum und Tod*: »Die Auferstehung ist nicht einfach die Wiederbelebung des toten Körpers, sondern die totale und klare Wiedererzeugung, welche jedoch am Ort des alten Leibes ihren Ausgang nimmt. In unserem physischen Körper ist der Same, der Funke, enthalten, aus welchem der Auferstehungsleib für das jenseitige Leben entsteht. Dieser ist für unsere fünf Sinne unsichtbar, nicht zu erfassen.«

Aufbau von Heilenergie

Wenn wir unseren Diamantkörper kennengelernt haben, anfangen, ihn aufzubauen und ihn kontinuierlich durch Übung und Praxis mit Energie versorgen, wenn wir also beginnen zu erwachen, dann sind wir in der Lage, diese geistige Energie – das Lebensfeuer, das Schöpfungsfeuer, zu nutzen, um auf den großen Wellen des Lebens zu reiten. Mit dieser Energie können wir geistig heilen, uns an vielen Orten materialisieren und die geistige Energie auf lichtvolle und bewusste Weise lenken.

Eins werden

Ziel ist es, mit der universellen Energie eins zu werden. Im Traum erwachen wir zum ewigen Leben. Es spielt dort keine Rolle, ob wir physisch da sind oder nicht. So kann das Träumen ein hoher Einweihungsweg in das eigene Erwachen sein.

Der Unterschied zwischen Traum und Wirklichkeit

Im Schlafe wird die Seele von körperlichen Fesseln befreit. Sie kann sich ihrer geistigen Natur zuwenden. So kann die Verbindung zu »Höherem« möglich werden.
(Quelle unbekannt)

In der Materie unterliegen wir mit unserem physischen Körper physikalischen Gesetzmäßigkeiten. Die Materie schwingt dicht und langsam. Hier gibt es Zeit, Raum, Ort, Maß, Gewicht, Schwerkraft, Grenzen, Formen – Gesetzmäßigkeiten, an die wir gebunden sind. Bestimmte Dinge erscheinen möglich und machbar, andere wiederum unmöglich.
Während des Träumens jedoch bestehen andere Gesetzmäßigkeiten als im Wachzustand. Im Traum ist alles möglich, es existieren keine Einschränkungen. Im Geiste ist alles möglich, und im Traum waltet unsere geistige Natur. Sie wirkt jenseits der physikalischen Gesetzmäßigkeiten, folgt allein den geistigen. Im Traum gehen wir mit unserer Energie in Resonanz.

Schwingung und Dichte

Alles ist eins. Alles ist möglich. Alles schwingt – alles ist in Bewegung.

Nichts ist in vollkommener Ruhe, alles ist ständig in Bewegung und verändert sich. Im Traum können wir uns von jetzt auf gleich bewegen, Szenen können schlagartig wechseln, parallel laufen und sich von einem Augenblick zum anderen auflösen. Wir können Schwingungsmuster, Bilder, Formen wahrnehmen. Wenn wir im Traum versuchen, eine Tür aufzumachen, kann es passieren, dass wir mit unserer Hand durch die Türklinke greifen. Wir können durch Wände und Gegenstände gehen, durch Decken und festen Boden fallen. Dinge können sich blitzschnell verdichten oder auflösen. Bewegung kann statisch sein, Ruhe kann bewegt sein.

Im Traum finden wir uns im Feld unserer Energie wieder: Je nachdem, wieviel Energie wir haben, erleben wir das Traumgeschehen mehr oder weniger intensiv. Der Traum spiegelt den Stand unserer Energie wider. Ist unser Traum durchdrungen von Klarheit, geschieht alles in logischer Reihenfolge, und sind die Geschehnisse schlüssig, so haben wir eine ausgezeichnete Energie; das zeugt von Gesundheit. Ist dagegen das Geschehen in unserem Traum verwirrend, unlogisch, chaotisch, dann tragen wir Leid in uns, welches seelischer, geistiger und/oder körperlicher Natur sein kann.

»Mein Herz fürchtet sich vor dem Leben«, sagte der Jüngling zum Alchemisten eines Nachts, als sie den mondlosen Himmel betrachteten. »Dann sag ihm, dass die Angst vorm Leiden schlimmer ist als das eigentliche Leid. Und dass noch kein Herz gelitten hat, als es sich aufmachte, seine Träume zu erfüllen, denn jeder Augenblick des Suchens ist ein Augenblick der Begegnung mit Gott und mit der Ewigkeit.«

Paulo Coelho, brasilianischer Schriftsteller,
in: Der Alchemist

Zeit und Raum

Zeit und Raum existieren nicht.

Im Traum lösen sich Zeit und Raum auf. Es gibt keine Vergangenheit, Gegenwart oder Zukunft, keine lineare Abfolge zeitlicher Geschehnisse. Zeit existiert nicht. Ereignisse können parallel, gleichzeitig und unvermittelt auftreten. Eine Sekunde kann eine Ewigkeit dauern, und mehrere Leben können sich innerhalb von Sekunden abspulen. Wir können blitzartig den Ort wechseln, an verschiedenen Orten gleichzeitig sein, uns in anderen Zeitepochen wiederfinden, Dinge aus der Gegenwart, aus der Zukunft und aus der Vergangenheit träumen und einsehen. Zeiten sowie Räume, Parallelebenen und Zwischenwelten fließen ineinander. Wir können uns im Traum bewegen, sogar rennen und gleichzeitig nicht vom Fleck kommen. Wir sind nicht an den Ort gebunden, an dem wir uns gerade befinden, sondern sind an Orten, an denen wir im Geiste sind. Ist der Traum auf die Gegenwart oder gar Zukunft gerichtet, so bedeutet dies, dass wir präsent und bewusst sind – wir sind *da*.

Gravitation und Rotation

Schwerkraft und Rotation haben keinen Einfluss auf Träume.

Wachen wir im Traum auf, so können wir anhand der Gravitation überprüfen, ob wir im Traumland wach sind, und zwar indem wir in die Luft springen: Im Traum werden wir nicht gleich wieder am Boden landen – wir schweben, gleiten langsam zu Boden oder beginnen sogar, zu fliegen und uns weiter hinaufzuschwingen. Gegenstände können sich an jedem beliebigen Punkt in einem Raum befinden, sie sind nicht an die Schwerkraft gebunden. Drehen wir uns im Traum um die eigene Achse und bleiben schließlich stehen, entsteht oft der Eindruck, die Umgebung drehe sich im entgegengesetzten Sinne weiter oder man drehe sich um sich selbst.

Farben

• • • • •

Farben sind nicht an die sichtbare Wirklichkeit gebunden, sondern an den energetischen Ausdruck und die Energie, die Ebenen und die Schwingungen der Seele.

In Träumen können die Dinge andere Farben haben. Vielleicht treffen wir einen blauen Elefanten oder essen grünen Grießbrei. Die Farben können blass oder grellbunt sein, schimmern oder strahlen, je nachdem, in welchen Traumlandschaften wir uns aufhalten und wie es um unsere eigene Energie bestellt ist. Wir können z. B. alles in einer Farbe träumen, eine Farbe kann dominant wirken, oder Farben können in verschiedenen Dichten erscheinen. Wenn die Energie des Träumers niedrig ist, können die Farben auch blass, grau oder schwarz-weiß erscheinen. Sind die Farben brillant, hell irisierend und von innen heraus leuchtend und klar, so zeugt dies von hoher persönlicher Energie. Darüber hinaus können Farben für die verschiedenen Elemente stehen.

Gestalt und Form

• • • • •

Die geistige Energie kann sich von einem Zustand in einen anderen verwandeln.

Träumend kann sich unsere Energie verändern und unsere Form sich auflösen und wandeln. Wir können riesengroß und klitzeklein werden. Außerdem ist es möglich, dass wir zu Stein werden oder dichte Formen durchdringen. Dinge können sich

unvermittelt auflösen oder eine neue Gestalt annehmen, wir können uns in Tiere, Pflanzen, andere Wesen verwandeln: Engel, fremdartige Geschöpfe, düstere Figuren ... können in Erscheinung treten. Manchmal verschmelzen wir mit anderen Formen und Gestalten, werden eins mit ihnen, oder wir spalten uns auf und werden viele.
Formen können für verschiedene Ebenen und Elemente stehen. So sind feurige Formen meist scharf, kantig, spitz, wässrige Formen wellig, fließend, rund, erdige Formen quadratisch, eckig, fest ...

Sprache und Ausdruck

Die universelle Sprache besteht aus Licht, Symbolen, Bildern und Gleichnissen und kann sich auf viele Arten ausdrücken.

Im Traum können wir mit allem sprechen, und alles kann zu uns sprechen, unvermittelt. Botschaften im Traum können telepathisch übermittelt werden. Sie können uns auch direkt erreichen, z. B. wenn wir im Traum von einer Schlange gebissen werden und morgens beim Aufwachen eine Schwere im Arm spüren ... Vielleicht gelangen sie jedoch auch durch Symbole und Zeichen, die für uns deutlich sind, zu uns. Genauso aber kann es geschehen, dass wir im Traum rufen, schreien oder sprechen wollen, aber keinen Ton über die Lippen bekommen. Manchmal träumen wir auch in anderen Sprachen, auch solchen, die wir von Haus aus nicht sprechen, ja sogar in Sprachen, die es gar nicht gibt. Wenn wir länger in einem anderen Land sind, beginnen wir plötzlich, in der Landessprache zu träumen, was ein Zeichen dafür ist, dass uns diese Sprache in Fleisch und Blut übergeht.

Das Land der Träume

Die stillen Geister begreifen das Wahre schneller,
gerade so, wie ein ruhiger See
die Sterne besser zurückstrahlt als ein Fluss.
Théodore Simon Jouffroy,
französischer Philosoph

In jedem Menschen gibt es weite, unbekannte und unerforschte Bereiche – das Unbewusste und die Sprache der Träume. Durch seine Träume lernt der Mensch, jene Kräfte besser zu verstehen, welche die wirkliche Existenz ausmachen. Wenn er die offenbarten Zustände begreift, erfährt er, woraus er sich zusammensetzt und wofür seine Kräfte gut sind.

Im Wachzustand wird die Tätigkeit der Seele größtenteils durch die Einwirkung der Außenwelt bestimmt. Die Eindrücke der Sinne bilden den Grundstoff für unsere Vorstellungen, welche der Verstand miteinander in Zusammenhang bringt. Im Schlaf fallen die äußeren Eindrücke von uns ab, und wir verarbeiten die inneren, die Impressionen unserer Seele; die Seele macht eine Bestandsaufnahme von dem, was sie zwischen zwei Ruheperioden erlebt hat. In der Ruhephase überprüft das Unterbewusste, was tagsüber das Bewusstsein passiert hat, und schickt uns dann in Form von Träumen die Botschaften oder Warnungen, die es für nötig hält. In unseren Träumen können sich die physischen Probleme unseres Körpers widerspiegeln. Träumend finden Selbstbeobachtung, psychische Wahrnehmung, geistige Führung und Selbstbetrachtung in uns statt.

Der Traum ist oft der sicherste und schnellste Weg, den Sinnen nicht zugängliche Wahrnehmungen zu machen, und zwar unter Mitwirkung unseres eigenen Unterbewusstseins. Telepathie, Hellsehen und Vorausschau sind in der Traumwelt gang und gäbe, sie bedürfen jedoch der richtigen Deutung.

Für das Unterbewusstsein, ja für die geistige Welt überhaupt, gibt es keine Vergangenheit oder Zukunft – alles ist Gegenwart, alles ist gegenwärtig. Im Traumzustand, in dem Körper und Geist verhältnismäßig ruhig sind, entsteht der beste Kanal für psychische Botschaften. Die Seele kann nicht zerstört werden, sie ist Energie. Sie lebt weiter, auch nach dem Tod des physischen Körpers. Nach einer Zeit der Reinigung und Läuterung kann sie sich Angehörigen und Freunden, die sie auf der Erde zurückgelassen hat, über den Traum wieder zuwenden.

Wie Träume entstehen

Der Traum ist der Stoff, aus dem das Seelenkleid gewebt wird. Dieses entsteht immer wieder neu, verändert sich und reflektiert in uns das Licht – den göttlichen Schein – in all seinen Facetten.

Der Traum ist ein Spiegelbild unseres eigenen Bewusstseins. Alle Erfahrungen, die wir im Wachzustand oder im Traum machen, hat eine energetische Basis. »Lebensenergie« heißt auf tibetisch »Lung«, doch der Sanskritbegriff, »Prana«, ist besser bekannt, ebenso der chinesische, »Chi«.

Jeder von uns wird am Glanz seines Lichtes erkannt.
Durchgabe von einem geistigen Meister: Dwhal Khul; empfangen von Alice A. Bailey, amerikanische Vertreterin der Theosophie

Der Traum spiegelt unsere geistige Energie wider. Haben wir viel Energie, so sind unsere Träume klar, und wir können im Traum hohe Daseinsebenen erreichen. Haben wir wenig, so bewegen wir uns auf niederen Ebenen, die im Traumgeschehen sehr unterschiedlich widergespiegelt werden. Für das Erwachen im Traum brauchen wir viel Energie, und diese müssen wir aufbauen – dazu in späteren Kapiteln noch einiges.
Die sexuelle Energie in unserem Wurzelchakra ist zugleich die Lebensenergie, die unsere Träume beeinflusst. Im Schamanismus ist es wichtig, sie vollständig zu heilen und zu entwickeln, um sie bewusst und richtig lenken zu können.

Wie entstehen nun Träume? Bewusstsein und Bewegung erzeugen Träume; Bewegung ist Leben. Wenn wir wach sind, befinden wir uns in einer grobstofflichen Welt, im Traum gehen wir in eine feinstoffliche. Um das zu verstehen, sind einige Grundkenntnisse von unserem Energiesystem erforderlich.

Die Elemente

Die gesamte Existenz besteht aus fünf Elementen.

Feuer	=	Hitze und Geschwindigkeit
Wasser	=	Flüssigkeit und Nässe
Erde	=	Form und Stabilität
Luft	=	Gefühl und Bewegung
Äther	=	Raum und Leere

Ausgangsbasis ist unser Körper, der Tempel unserer Seele, mit seinen fünf Sinnen. Das Element Äther enthält alle vier Elemente, weshalb es häufig nicht erwähnt wird, außerdem ermöglicht es dem Wind (Energie, Chi, Prana …) da zu sein.
Die vier Elemente haben jedes drei Qualitäten: Wind – Bewegung – neutral. Es gibt subtile Winde und raue Winde; subtile Winde entstehen im Denken und raue Winde durch physische Arbeit.

Die drei Energiekanäle am Rücken

Zentralkanal = neutral

rechter Kanal = heiß, solar, Yang

linker Kanal = kühl, lunar, Ying

Wir haben verschiedene Energiekanäle, die mit den Elementen und mit verschiedenen Organen verbunden sind. Wenn wir sterben, löst sich unsere Energie, die sich als Licht und Farbe zeigt, in die verschiedenen Elemente auf. Unsere Emotionen und unsere energetische Schwingung bestimmen dabei die Licht- und Farberfahrungen.

Wir haben grobstoffliche Kanäle, wie Nerven, Blutgefäße und Lymphgefäße, und feinstoffliche, welche physisch nicht zu lokalisieren sind, deren wir aber gewahr werden können. Zu letzteren zählen die Akupunkturpunkte, die Meridiane, außerdem die sieben Hauptchakren als energetische Knotenpunkte, an denen viele Kanäle zusammenlaufen, weiterhin 22 Nebenchakren, die miteinander in Verbindung stehen, und 33 Nebenkanäle. Darüber hinaus gehören drei Hauptleitungen oder Wurzelkanäle dazu, welche durch die Wirbelsäule laufen. Die drei Wurzelkanäle, durch welche die subtilen Winde auf- und absteigen, sind: der neutrale Zentralkanal, welcher die Nondualität aller Erfahrungen symbolisiert (Wind); der rechte, »heiße« Kanal, der für die positive Energie (Yang), und der linke, »kalte« Kanal (Yin), der für die Emotionen steht. Alle drei sind mit den Hauptchakren verbunden.

Die Chakren sind ihrer Natur nach Verteilungsorgane und elektrische Batterien, die den Menschen mit dynamischer Kraft und qualitativen Energien versorgen.

Alice A. Bailey, amerikanische Vertreterin der Theosophie

Die sieben Hauptchakren – Wurzelchakra, Nabelchakra, Solarplexuschakra, Herzchakra, Kehlchakra, Drittes Auge (Stirn), Kronenchakra (Scheitel) – verbinden den ätherischen Körper mit dem physischen. Jedes Chakra hat ein bestimmtes Energiemuster und eine bestimmte Aufgabe. Die Chakra-Energie kann sich entfalten und schließen wie eine Blüte. Wir können sie in der Meditation erfahren und erfühlen, und die Wahrnehmung kann sehr unterschiedlich sein.

Das Träumen ist ein dynamisch fließender Prozess, die Bilder schieben sich im Traum in- und übereinander. Wenn wir träumen, bewegt sich die Energie durch verschiedene Chakren und Energiebahnen – meist dorthin, wo Dinge aus unserem Leben energetisch verankert sind, die besonders heilungs- und aufmerksamkeitsbedürftig sind, und wo Energiepunkte blockiert oder verspannt sind.

An unseren Traumbildern können wir ablesen, wie es um unsere Elemente, Organe, Emotionen und andere Bereiche steht. Sie lassen uns auch unsere Befindlichkeit und sich ankündigende Krankheiten, Krankheitsverläufe, Heilungsprozesse oder den herannahenden Tod eines Menschen erkennen.

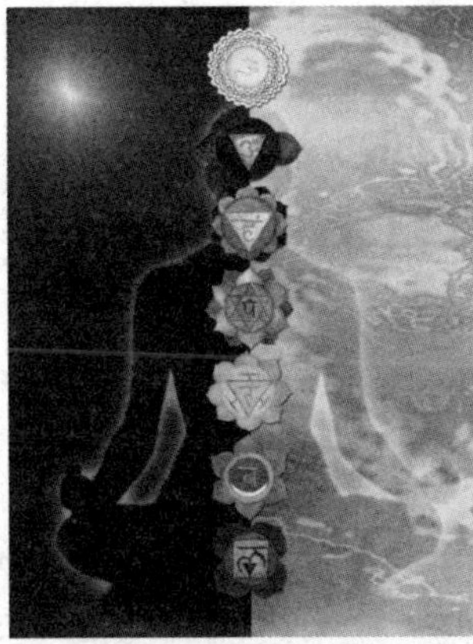

Die Basis für unsere Träume sind unser Körper (Haus) mit seinen Sinnen und unsere Seele. Am Tag sammeln wir zahlreiche Eindrücke über unsere Sinne – Sehen, Riechen, Schmecken, Hören, Tasten – und über unser Bewusstsein, das Gefühle und Empfindungen speichert. Des Nachts verschließen wir dann die Tür nach draußen, und das, was wir in unserem Haus angesammelt haben, beginnt zu wirken. Je mehr Emotionen sich in einer Sache aufbauen, desto mehr Raum nimmt dies in unserem Heim ein.

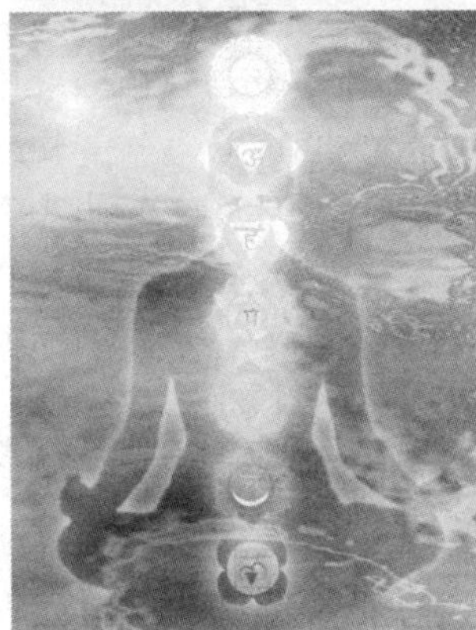

Wenn wir träumen, schalten wir die Außenwelt aus und die Innenwelt an. Für einen Moment befinden wir uns jenseits der dualistischen Welt. Alles verschmilzt miteinander, es gibt keine Trennung mehr, und alles ist eins. Im Schlaf zieht sich der Geist aus der Welt der Sinne zurück. Das, was wir an Eindrücken im

Tagesgeschehen in unserem Bewusstsein gespeichert haben, zeigt sich uns im Traum.
Emotionen nehmen im Traum mehr Raum ein als im Tagesgeschehen. Je stärker ein Geschehen durch Emotionen geprägt ist, desto tiefer ist der Abdruck in unserer Matrix, im Licht unseres Seelenkleides, und um so tiefer und nachhaltiger wirkt er. Wenn nun also die Türen zur äußeren Welt geschlossen sind, so beginnen die im Inneren hinterlassenen Eindrücke, auf neue Weise Gestalt anzunehmen. Diese Erinnerungen, Emotionen, Eindrücke, die wir gesammelt haben, plus das, was wir uns bisher nicht angesehen haben, was in unserem Unterbewusstsein gespeichert ist, beginnt des Nachts, in einer selbstständigen Bewegung durch unsere feinstofflichen Energiekanäle zu wandern. Es versucht, einen Ausgleich in unserer Energie herzustellen und tiefgreifende Eindrücke zu verarbeiten.

Die Eindrücke fließen zuerst ins Herz- und ins Nabelchakra, die feinstofflichen Energiezentren im Herzbereich und unterhalb des Nabels. Das Nabelchakra ist das Zentrum unserer Kraft, der heilige Raum in unserem Inneren; das Herzchakra ist der Hort der Liebe – für uns selbst, für andere, für alle. Von dort aus beginnt die Energie durch die feinstofflichen Energiekanäle und -zentren bis ins Halschakra aufzusteigen. Erreicht sie das Halschakra, so beginnen wir zu träumen – Bilder und Gefühle entstehen und werden verarbeitet.

Die meisten Träume basieren auf Erinnerungen. Erinnerungen an alles, was in unserer Seele gespeichert ist – ob bewusst oder unbewusst, ob aus diesem Leben oder früheren, ob aus dem individuellen Erleben oder aus dem, was sich in Kollektivenergiefeldern bewegt. Es gibt Träume, die in der Gegenwart stattfinden, und Träume, welche in der Zukunft spielen.
Unsere Emotionen stehen am intensivsten mit dem Träumen in Verbindung; sie wandeln sich am langsamsten. Alle Emotionen sind immer da und in jedem vorhanden – sie schlafen –, und oft lassen wir sie nicht zu. Im Traumkörper werden schlafende Emotionen geweckt, wenn wir sie zu lange unterdrückt haben. So bekommen wir eine Möglichkeit, unsere Emotionen zu kanalisieren, und können das Gleichgewicht unserer Seele wiederherstellen.
Je mehr wir unsere Traumpraxis vervollkommnen, desto klarer werden unsere Träume. Wir lernen, durch das Halschakra in unsere Träume einzusteigen, und können dann hilfreich und heilsam in das Geschehen eingreifen. Das Halschakra ist die Tür des Traumyoga. Bei dieser Praxis versuchen wir bewusst, durch eine Tür in das Innere unseres Hauses zu gelangen. Dann können wir zum Beobachter und schließlich zum Handelnden werden.

Eine der Hauptaufgaben des Traumes ist es, unser seelisches Gleichgewicht wiederherzustellen.

Traumerfahrungen bewegen sich nach einem bestimmten Rhythmus, den ich im Kapitel »Was passiert, wenn wir schlafen« genauer erläutere. Die subtilen Winde oder die feinstoffliche Energie fließen überall im Körper. Auch während wir schlafen, bewegt sich diese Energie, und daraus entsteht die Handlung in einem Traum. Steigt sie beispielsweise nach oben, so klettern wir im Traum auf einen Berg, fahren Aufzug, fliegen, wirbeln nach oben; sinkt sie nach unten, fallen wir, gehen eine Treppe hinunter; fließt sie in die Ohren, hören wir Töne und Sequenzen; strömt sie in den Bauch, spüren wir die dort angesammelten Emotionen, usw.

Wenn wir geträumt haben, so können wir das beim Aufwachen manchmal körperlich spüren: Wir haben dann an bestimmten Stellen Schmerzen. Es sind Blockaden, die sich so bemerkbar machen. Deshalb ist es wichtig, die Stimmung beim Aufwachen wahrzunehmen und in den Körper hineinzuspüren. Denn wenn die feinstofflichen Kanäle blockiert sind und die Energie sich dort staut, entstehen Schmerzen und letztlich Krankheiten. In der Traumpraxis können bestimmte Blockaden durch Klopftechniken und Akupressur gelöst werden.

In Farbe träumen

Träume sind in den allermeisten Fällen farbig, wobei Frauen häufiger in Farbe träumen als Männer. Wie ist es nun möglich, in Farben zu träumen? Dafür gibt es einige Erklärungen.
Zum einen ist das Bewusstsein kristallin und klar, deshalb kann es alle Farben reflektieren. Zum anderen reflektieren die fünf Elemente und die sieben Chakren, die bestimmten Bewusstseins- und Schwingungsebenen zugeordnet sind, das Licht in verschiedenen Farbfrequenzen, je nach Schwingung und Schwingungsbereich. So hat auch das Energiefeld, das den Menschen umgibt – die Aura –, eine eigene subtile Farbausstrahlung, die von hellsichtigen Menschen wahrgenommen werden kann.
Zum Träumen brauchen wir Energie. Je höher sie schwingt, desto reiner, heller und klarer leuchten und strahlen die Farben im Traum; je niedriger sie schwingt, desto trüber, dumpfer, dunkler und matter sind die Farben. Die Hauptfarben der

Elemente (Grün/Erde, Gelb/Luft, Rot/Feuer, Blau/Wasser, Weiß/Äther) und der Chakren (Rot/Wurzelchakra, Orange/Nabelchakra, Gelb/Solarplexuschakra, Gold, Grün und Rosa/Herzchakra, Türkis und Hellblau/Kehlchakra, Indigo, Violett und Magenta/Drittes Auge [Stirn] und Weiß/Kronenchakra [Scheitel]) können wir in Träumen miteinander kombinieren. Je nachdem, wo und wie die subtile Energie in unserem Energiefeld fließt, entstehen die Farben der verschiedenen Entsprechungsebenen. Zudem hängt es von den involvierten Emotionen und Elementen ab, welche Farbschwingungen in den Träumen vorherrschen. Entsprechend sind Feuerträume (Energie, energetische Ebene) oft hell, rot, orange, grell auf dunklem Grund, blitzend …, Luftträume (Gedanken, Ideen, mentale Ebene) hellblau, gelb und eher ruhig …, Erdträume (Materie, Körper, physische Ebene) kräftig grün, braun, violett …, Wasserträume (Gefühle, emotionale Ebene) grau, silber, dunkelblau, türkis, blau, grün … Träumen wir in Schwarz-Weiß, so kann dies auf lang verblasste Erinnerungen hinweisen oder darauf, dass wir momentan über sehr wenig persönliche Energie verfügen. (weitere Bedeutungen von Farben siehe Kapitel »Der Traum und seine Deutung«)

Hier eine kleine Übung zu den Farbimpulsen: Schließ deine Augen. Atme ein paarmal tief ein und aus, und spüre, wie du langsam zu dir kommst. Achte darauf, welche Farben du auf den geschlossenen Augenlidern wahrnimmst. Übe dann mit Daumen und Zeigefinger Druck auf die Lider aus. Nach kurzer Zeit beginnen Muster und Farbimpulse zu schwingen, die, je nach persönlicher Energie und Umgebung, sehr unterschiedlich sein können. In ähnlicher Weise nehmen wir die Farben im Traum wahr.

Traumarten und ihre Erkennungsmerkmale

Es gibt verschiedene Traumarten – Erinnerungsträume, Albträume, Wunschträume, prophetische Träume … Schauen wir uns nun die verschiedenen Träume und ihre Eigenschaften an.

Verbundenheit im Traum

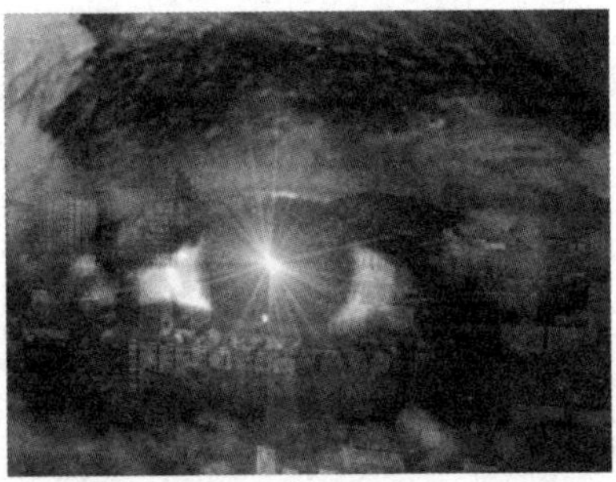

Wie wir im Kapitel »Der Unterschied zwischen Traum und Wirklichkeit« erfahren haben, setzt sich das Traumgeschehen über Grenzen, Zeit, Raum und Naturgesetze hinweg. Träume ermöglichen uns Welt- und Zeitreisen, Begegnungen mit Verstorbenen und Feinden, verleihen anderen Lebensformen Sprache und Ausdruck und können den Träumenden mit besonderen Kräften versehen, mit denen er das ihm zugeteilte Schicksal wenden kann.
Wir alle sind miteinander verbunden und vernetzt. Dort, wo intensive emotionale Bindungen bestehen, wie in Familien, Partnerschaften, Freundschaften, Feindschaften … existiert ein mal mehr, mal weniger stark ausgeprägtes emotionales Band, das wie eine Leitung funktioniert. Über diese können wir im

Traum mehr erfahren, als wir sehen wollen. So kann der Traum oft unausgesprochene Heimlichkeiten ans Licht bringen und uns zeigen, wie es tatsächlich um eine Angelegenheit steht. Einem geübten Träumer kann er aber auch die Lösung und die Heilung einer Situation aufzeigen und das, was dazu getan werden muss.

Wird z. B. ein Mensch betrogen, so spürt dies der Teil seiner Seele, der mit diesem Partner verbunden ist; der Betrug kann sich im Traumgeschehen zeigen. Genauso kann es sein, dass, wenn ein geliebter Mensch sich weit entfernt an einem anderen Ort aufhält, wir von ihm träumen und dabei sehen, wie es ihm geht. Auch Hilferufe von geliebten Menschen können im Traum übertragen werden, geplante heimliche Handlungen können aufgedeckt werden. In solchen Fällen ist es gut, den Traum aufzuschreiben, eventuell dem anderen zu erzählen und nachzufragen. So können wir überprüfen, was es mit der Aussage in unserem Traum auf sich hat, und ein Gespür entwickeln: Ist unser Traum eher eine Widerspiegelung unserer Ängste, oder zeigt er uns etwas, was gesehen und beachtet werden will?

Im Traum kehren wir zur Einheit zurück. Im Netz des Lebens ist jeder von uns mit allem anderen verbunden. Das, was uns beeinflusst, das, was wir in uns hineinlassen, die Bindungen, die wir geknüpft haben, all das hat Wirkung und Einfluss auf unsere Träume.

Im Folgenden wollen wir uns ein Mal die unterschiedlichen Traumarten und ihre Erkennungsmerkmale anschauen.

Zu träumen bedeutet, auf der Innenseite, ohne die Beschränkung durch Zeit und Raum, zu leben.

James Redfield, amerikanischer Schriftsteller

Kathartisch-samsarische Träume

Der hat die Lehren des Lebens nicht begriffen, der nicht täglich eine Angst überwindet.
Ralph Waldo Emerson, amerikanischer Dichter

Die Hauptaufgabe des Träumens ist es, das seelische Gleichgewicht wiederherzustellen. Kathartisch stammt vom griechischen Wort »katharsis« ab, zu deutsch »Reinigung«; samsarisch leitet sich von dem Sanskritwort »samsara« ab, was wörtlich »beständiges Wandern« bedeutet. Das Samsara steht für den Zyklus des Seins, den Kreislauf von Vergehen und Werden, in dem wir herumirren, und der im buddhistischen Weltbild als von Leid bestimmt betrachtet wird.
Kathartisch-samsarische Träume dienen der Läuterung der Seele, der Aufarbeitung des Tagesgeschehens bei Nacht, dem Sich-Befreien von seelischen Konflikten und inneren Spannungen. Wie schon im Kapitel »Wie Träume entstehen« erwähnt, hinterlassen Erlebnisse, die starke Emotionen hervorrufen, die tiefsten Abdrücke in unserem Seelenkleid. Im Traumgeschehen versuchen wir, uns von diesen Abdrücken zu reinigen, sie zu wandeln und aufzuarbeiten, um unser inneres Gleichgewicht wiederherzustellen. Dies ist die häufigste Art des Träumens:

Es hilft uns, unseren Alltag aufzuarbeiten und mit unserem inneren Leid fertigzuwerden.
Der kathartisch-samsarische Traum hat nicht viel eigene Energie. Er spiegelt unsere Sorgen, Ängste, unterdrückten Gefühle und Gedanken wider und bewegt sich zwischen Alltag und Albtraum.
Nach einem erfüllten Arbeitstag fallen wir oft ins Bett, ohne die Geschehnisse reflektiert zu haben. Die Zeit des Träumens wird dann entweder dazu verwendet, den Alltag aufzuarbeiten oder mehr von dem, was wir erlebten, zu produzieren, wie in einem Hamsterlaufrad. Oft wachen wir nach solch einer Nacht nur mühsam auf und haben nicht das Gefühl, uns erholt zu haben. Wir erinnern uns so gut wie gar nicht an unsere Träume, es interessiert uns auch nicht weiter – wir schlafen am Tag und bei Nacht. Für viele bleibt der Inhalt ihrer Träume im Unterbewusstsein verborgen. Häufig tritt er nur bruchstückhaft zutage, erweist sich als verschlüsselt; das Geschehen ist chaotisch und nicht einfach zu deuten.
Es kann sein, dass wir uns am Tag, obwohl wir uns ungerecht behandelt fühlten, fügen und liebenswürdig bleiben. Im Traum jedoch verfolgen wir die Person, die uns unrecht getan hat, mit einem Messer und wollen sie umbringen. Dann erschrecken wir über uns selbst und über das, wozu wir im Traum fähig sind. Doch es sind Traumhandlungen dieser Art, die das seelische Gleichgewicht wiederherstellen, sie sollten eher als Metapher verstanden werden. Manchmal aber, wenn wir uns an Träume dieser Art erinnern und uns mit ihnen beschäftigen, können wir die Zeichen und die Botschaften, die sie uns senden, deutlich als Wegweiser erkennen.

Merkmale des kathartisch-samsarischen Traums:

- Wir können in allen Sphären unterwegs sein.
- Der Traum ist oft chaotisch, verwirrend, absurd bis verstörend.
- Das Geschehen ist häufig stark symbolisch.
- Die Bilder erscheinen in wechselnder Farbgebung, dabei sind alle Farben und Schattierungen möglich.
- Die Handlungen sind unzusammenhängend, unlogisch und folgen keinem erkennbaren Aufbau.
- Der Traum ist oft nicht wiederkehrend oder dauerhaft bleibend.
- Das Geträumte wird oft nicht erinnert und bleibt meist unbewusst.
- Wenn wir uns an Traumgeschehnisse erinnern, empfinden wir sie als seltsam und unwirklich. Manchmal erschrecken oder erstaunen sie uns, sie werden aber nie als real empfunden, sondern eher als seltsame Begebenheiten, etwa wie bei »Alice im Wunderland« (Lewis Carroll, englischer Schriftsteller).
- Nach einem solchen Traum fühlen wir uns oft nicht erholt, sondern haben das Gefühl, wir hätten unausgesetzt im Hamsterrad gestrampelt.
- Diese Träume spielen oft in der Vergangenheit oder sind durchsetzt und gefärbt mit eher leidvollen Erinnerungen an vergangene Zeiten.

Weitere Traumarten, die zur kathartisch-samsarischen Kategorie zählen, sind:

Angstträume, emotional intensive Träume – Vorstufen zu Albträumen

Zu Träumen dieser Art kann es kommen, wenn wir am Tag körperliches oder seelisches Leid erfahren haben oder an körperlichen Schmerzen leiden oder wenn wir uns selbst etwas vormachen. Enttäuschungen, Trennung, Vertrauensbrüche, Krankheiten, Tod, Verlust, unbewusste Eifersucht, Neid, versteckte Wut, Ohnmacht und Hass können sich in solchen Träumen durch heftiges bildhaftes Geschehen befreien. Der Unterschied zu Albträumen ist jedoch, dass das Erlebte schnell überwunden ist und nach der seelischen Verarbeitung über die Traumebene nicht wiederkehrt, denn es ist meist an die aktuelle Situation und den dadurch ausgelösten Schmerz im Tagesgeschehen gekoppelt. Im Schlaf können sich die durch das Tagesgeschehen geweckten Schmerzen und Emotionen entladen. So entgiftet und befreit sich die Seele und verarbeitet die ausgelösten Schmerzen.

Begierdeträume

Der Begriff des Begierdetraums ist von dem griechischen Philosophen Platon (427–347 v. Chr.) geprägt worden. Platon vertrat die These, dass Menschen im Traum das tun, was sie in der Realität nie wagen würden (fremdgehen, morden, freveln …). Daraus folgte für ihn, dass schlechte Menschen in der Realität das ausführen, wovon gute nur träumen.

Erinnerungsträume

In dieser Art Träume erleben wir vergangene Ereignisse nach, wir erinnern uns an das, was wir erlebt haben, und zwar in einer einzigartig subjektiv eingefärbten Art und Weise.

Fall- und Flugträume

Wenn wir im Traum fallen oder sinken, steht dies für Dinge im Unterbewusstsein, die geklärt werden wollen. Derartige Träume sagen uns, dass wir auf dem Boden bleiben und in unserer gegenwärtigen Lebenssituation vorsichtig und achtsam vorgehen sollen, da es Aspekte gibt, die sich uns noch entziehen. Das Fliegen im Traum steht hingegen für Freiheit und Grenzenlosigkeit. Solche Träume zeigen uns neue Möglichkeiten und Wege an, die wir bisher noch nicht bedacht haben, und verweisen auf unsere spirituell-geistige Natur, die weit und grenzenlos ist. Es gibt mehr zwischen Himmel und Erde, als wir gemeinhin glauben, darunter auch Wege, die wir noch nicht in Erwägung gezogen haben. Um sie zu finden, können wir uns an die Engel und unsere geistige Führung wenden.

Erotische Träume

Da es im Traum weder Normen noch Grenzen oder Tabus gibt, können erotische Träume oft sehr ausschweifend sein und alle möglichen absurden Elemente enthalten. Dabei werden unterdrückte zurückgehaltene Gefühle und Instinkte entfesselt und entladen sich. Beim Aufwachen kann dies für ein Gefühl von Peinlichkeit und Scham sorgen. Dennoch ist es wichtig, den Inhalt des Traumes und seine Botschaft zu entschlüsseln, denn oft zeigt er uns, was uns fehlt, wie es um unser Liebesleben bestellt ist und was wir darüber erfahren sollten.

Tier-, Ungeheuer- und Reptilienträume

Tiere im Traum haben im Allgemeinen symbolhaften Charakter und zeigen die momentan wirkende instinktive Kraft in uns. Urtümliche Tiergestalten wie Echsen, Krokodile, Dinosaurier und Fabelwesen, z. B. Drachen, Einhörner, Pegasi, gehören nach C. G. Jung zu den Urbildern (Archetypen) unserer Seele. Sie stehen in Verbindung mit den universalen Bauplänen, die jeder Mensch in sich trägt und die in jedem Menschen wirken. Sie versinnbildlichen die instinkthafte, urtümliche, wilde und meist unterbewusste Seite in uns, wobei weibliche und männliche Tiere voneinander zu unterscheiden sind. Wichtig ist, wie das Tier auftritt und sich zeigt. Aggressive, wilde Tiere wie Ungeheuer, Drachen, Krokodile können z. B. für unsere männliche Seite stehen. Sie können bevorstehenden Krach, Streit und Krieg ankündigen und auf fehlenden Schutz, starke unerlöste Gefühle u. Ä. hinweisen. Kleine Tiere wie Ameisen, Fische, Bienen können für unsere Zellstruktur stehen, außerdem für Muster, die aufzulösen oder umzustrukturieren sind.

Warnträume

Es gibt Träume, die uns warnen, z. B. Krankheiten ankündigen. Warnträume sind meist sehr eindringlich, und bestimmte Elemente darin sind oft in Signalfarben getaucht – ein rotes Warndreieck, rote Kleider, eine rote Tür – oder extrem hervorgehoben – wilder Wellengang, ein Bad mit unzähligen Haifischen; außerdem werden die Emotionen intensiv angesprochen. Beim Aufwachen können wir uns oft an diese starken Elemente und die Gefühle, die sie in uns hinterlassen haben, noch erinnern. Häufig fehlt uns jedoch der Schlüssel zur Symbolik unseres Traums. In diesem Fall können Traumdeutungsbücher, Gespräche und Fragen zu unserer momentanen Lebenssituation helfen, die erhaltenen Botschaften zu verstehen.

Albträume, Nachtmare

Auch der stärkste Mann
schaut ein Mal unters Bett.
Erich Kästner,
deutscher Schriftsteller

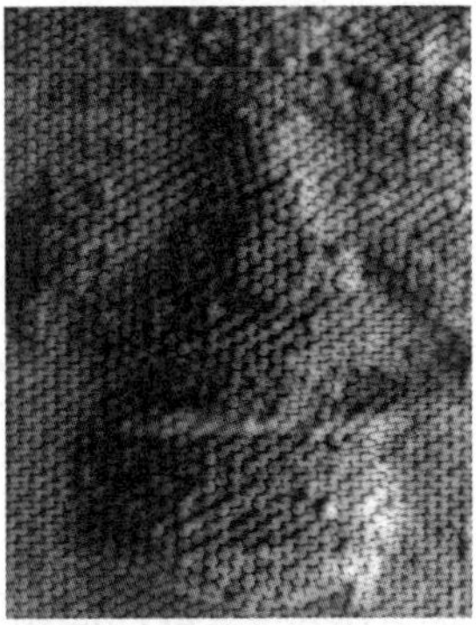

Albträume sind Hilferufe der Seele. Sie veranschaulichen in drastischer Form die seelische und gefühlsmäßige Befindlichkeit sowie verdrängte Erfahrungen und Gefühle. Durch die Auseinandersetzung mit Albträumen können wir im Unterbewusstsein versteckte Wunden in uns heilen. Wenn wir bereit sind, uns ihnen zu stellen, können wir qualvolle Träume in eine Quelle der Kraft für uns wandeln.

Albträume haben angst- und panikauslösende Inhalte. Dazu gehören z. B. Katastrophen, Tod, Verfolgung, Einbruch … Albträume können wiederkehrende Horrorszenarien bescheren, in denen die Seele versucht, qualvolle Erlebnisse zu verarbeiten oder sich auf dramatische Ereignisse vorzubereiten, indem sie im Vorfeld eine Lösung sucht. Ursachen von Albträumen sind oft unverarbeitetes Tagesgeschehen, Stress, psychische Probleme und verdrängte traumatische Erfahrungen wie Missbrauch, schwere Krankheit, das Gefühl, nicht gewollt zu sein, der Tod eines geliebten Menschen.

Albträume spielen sich normalerweise in der zweiten Nachthälfte, zwischen Mitternacht und den Morgenstunden, ab. Im

Traumzyklus ist diese Phase dem Feuer und der Wandlung zugeordnet. Sie endet meistens mit einem Aufschrecken, nach dem man sich an die heftigen Situationen im Albtraum erinnert. Meist ist man sofort präsent; es kann jedoch auch passieren, dass man aufwacht und sich nicht bewegen oder sprechen kann. Das kann bedeuten, dass das zweite Gesicht, unser feinstofflicher Körper, auf Reisen gegangen, und noch nicht wieder vollständig zurückgekehrt ist (siehe auch Astralreisen und Astralkatalepsie). Keine Panik, dies gibt sich nach einer Zeit des Ausharrens.
Eine Methode, mit Albträumen zu arbeiten, ist, das Erlebte am Tage bewusst in einen guten, heilvollen Kontext zu stellen und dann zu versuchen, die vorgegebene Richtung durch Klarträumen im Traumgeschehen weiterzuverfolgen.

An dieser Stelle möchte ich das Thema Seelenverlust ansprechen. Zu Seelenverlust kann es durch Träumen kommen; das Gefühl, nicht vollständig zu sein, kann aus schamanischer Sicht der Grund für Albträume sein. Die Voraussetzung dafür, in den Vollbesitz seiner Kräfte und Energien zu gelangen, ist eine vollständige Seele. In Not- und/oder Schocksituationen, z. B. nach einem erschütternden Erlebnis wie einem Missbrauch, einem Unfall, dem Tod eines geliebten nahestehenden Menschen, Betrug und/oder Verrat, Missachtung unserer Fähigkeiten und unserer spirituellen Natur, enormem psychischem Druck, Ungerechtigkeit, die nicht ausgesprochen werden kann, kann sich ein Teil der Seele abspalten. Dadurch wird das Licht unserer Seele heruntergedimmt, sodass wir trotz und mit dieser seelischen Verletzung gut weiterleben können. Allerdings lassen wir statt Vollstrom nur noch ein Teil des Lichtes durch uns hindurchfließen. Uns fehlt Energie, und das kann wiederkehrende negative Lebenssituationen hervorrufen, die sich in unserem Leben und natürlich auch in unserem Traumerleben widerspiegeln. Dieser Teil der Seele, der verbannt, hängengeblieben oder in Besitz genommen wurde, ruft nach uns und nach seiner Erlösung. Der Albtraum ist oft ein Hilferuf dieses fehlenden Seelenteils. So kann eine Seelenrückholung oder die Arbeit mit den Albträumen helfen, diese auf seelischer Ebene geschlagenen Wunden zu heilen.

Wenn das Publikum keine Albträume hat,
ist ihm sofort langweilig.
Thomas Bernhard, österreichischer Dramatiker,
Erzähler und Lyriker

Allgemeine Merkmale von Albträumen

- Das Traumgeschehen berührt uns emotional sehr tief.
- Wir spüren Druck auf der Brust, erleben Atemnot, Bewegungs- und Handlungsunfähigkeit, ein Gefühl des Ausgeliefertseins.
- Die Träume rufen extrem unangenehme und heftige Gefühlszustände und -regungen hervor.
- Wir erleben starke und schwer abzuschüttelnde Emotionen, die mit tatsächlich körperlichen Symptomen wie Schweißausbrüchen, Angst, Schreien, Wutbeben etc. einhergehen können.
- Im Nachhall haben sie eine beunruhigende Wirkung, machen niedergeschlagen.

- Einige von ihnen träumen wir mehrfach – manchmal auch nur eine bestimmte bildliche Reihenfolge.
- Das Traumgeschehen kann unzusammenhängend sein oder aber auch eine genaue immer wiederkehrende Abfolge haben.
- Erlebnisse aus diesen Träumen können uns über lange Zeiträume begleiten.
- Nach derlei Träumen sind wir oft erschöpft, sie machen uns kraftlos, rauben uns unsere Energie – diese ist in irgendeiner Weise an die albtraumhafte Situation gebunden, möchte sich aber befreien.
- Die Handlung ist geprägt von plötzlichem, schockartigem Auftreten gefahrvoller Situationen.
- Die Traumbilder können schwarz-weiß oder in Farbe sein, in jedem Fall aber sind sie sehr dunkel, düster, schattenhaft, manchmal auch violett, rot und mit grell aufleuchtenden signalauslösenden Farbeffekten durchsetzt.
- Diese Träume sind mit vergangenen traumatischen Erinnerungen verknüpft und durch diese gefärbt.
- Sie können körperlich spürbare Schmerzen in bestimmten Teilen unseres Körpers zurücklassen.

Nachtangst, Nachtschrecken

Albträume spiegeln die Dramen unserer Seele.

Eine bekannte und besondere Art des Albtraums ist die Nachtangst, der Nachtschrecken. Er ist gekennzeichnet durch das Auftreten heftiger Angstzustände. Anschließend braucht man einige Zeit, bis man sich beruhigt und die Erinnerungen an das Erlebte verblassen, zumal das Traumgeschehen sehr real und greifbar wirkt. Diese Art Traum kann einmalig auftreten, aber auch wiederkehrend sein. Zu derlei Albträumen kommt es besonders häufig des Nachts bei Kindern. Die Nachtangst ist gekennzeichnet durch Schweißausbrüche, Schreien und Um-sich-Schlagen, starke emotionale Erregung, schnelles Atmen und geht zuweilen mit Umherlaufen, Desorientiertheit und Bettnässen einher. Sie kann verschiedene Ursachen haben, z. B. kann sie hervorgerufen werden durch tatsächlich erlebte Situationen, starken emotionalen Stress und Überforderung. Manche Menschen werden auch geplagt von Erinnerungen an frühere Leben, von Dämonen, von Verstorbenen, die nicht gegangen sind und an einem bestimmten Ort leben oder die sie sich eingefangen haben. In solchen Fällen ist es gut, auch das Bett, den Raum, den Ort und die nähere Umgebung in Augenschein zu nehmen, energetisch zu untersuchen und zu reinigen.

Symbolische Albträume

• • • • •

Alles, was man vergessen hat,
schreit im Traum um Hilfe.
Elias Canetti*,
deutschsprachiger Schriftsteller

Als symbolische Albträume bezeichnet man Träume mit immer wiederkehrenden symbolgeladenen Inhalten, vor denen man sich zutiefst erschreckt oder fürchtet. Die Symbole sind mit bestimmten Lebenssituationen oder Traumata verbunden und lösen in uns Angst und Panik oder andere heftige Gefühle aus. Sie können sehr persönlicher Natur sein, und das, was sie bei uns bewirken, ist für Außenstehende dann oft nicht nachvollziehbar – z. B. Angst vor einem Kerzenständer; Grauen, ausgelöst durch das Auftauchen einer bestimmten Blume, eines bestimmten Geruchs, der in der Realität für viele durchaus angenehm sein kann, wie der Duft einer Rose; Entsetzen, hervorgerufen durch einen Hut, der aus einem Kleiderschrank kommt …

Symbolische Verschlüsselungen weisen oft auf eine traumatische Erfahrung hin, z. B. auf Missbrauch, den Tod eines geliebten Menschen, einen schweren Unfall. Das Symbol steht dabei mit dem früheren Geschehen direkt in Verbindung, drückt es aus, verhüllt es jedoch zugleich, sodass es für die Seele erträglich wird. In einem solchen Fall ist es wichtig, das Symbol zu entschlüsseln. Es gilt, herauszufinden, womit es in Verbindung steht und woran es geknüpft ist. Ein Stück weit entkräften kann man solch ein Symbol, indem man ihm ein heilsames Gegen-

* in Bulgarien geborener Sohn spanisch-jüdischer Eltern

stück entgegenstellt, das man jeden Abend vor dem Einschlafen betrachtet und das dem anderen entgegenwirkt: Ist da z. B. ein Schatten, der einen verfolgt, stellt man sich ein Licht vor, das angeht und den Schatten auflöst. So kann der Schrecken langsam und allmählich verschwinden. (siehe »Praktischer Teil«)

Zeitschleifen

Immer wiederkehren an einen Punkt. Zeitlos ist er –
er will überwunden werden.

Zeitschleifen sind Situationen, die sich im Leben abgespielt haben und im Traum immer wiederkehren. Wie eine Schallplatte, die »hängt«, werden wir immer wieder an einen bestimmten Punkt in unserer Vergangenheit gebracht, an dem wir tatsächlich aber gar nicht mehr stehen. Zeitschleifen weisen uns oft darauf hin, das wir in unserer seelischen Entwicklung stagnieren.
Wir alle folgen einem göttlichen Plan, entwickeln uns nach einem unsichtbaren Lebensentwurf – so wie ein Same schon den Umriss der späteren Pflanze in sich birgt (das zeigt die Kirlian-Fotografie*), die er einmal werden wird. Wir haben einen Auftrag und eine Aufgabe, die zu erfüllen wir uns für dieses Leben vorgenommen haben. So weisen uns Zeitschleifen auch darauf hin, dass wir in unserem Leben etwas Wichtiges übersehen haben; sie können ein Wink sein, dass wir von unserem Weg abgekommen sind und ihn nun wiederaufnehmen sollten. Sie

---

* ein fotografisches Verfahren, anhand dessen man die Entladung elektrischer Energie um lebendige Materie herum sichtbar machen kann)

sind aber auch ein Zeichen dafür, dass wir vor einer weiteren Entwicklungsstufe stehen.
Bei diesen Träumen müssen wir prüfen, was zu der Zeit geschehen ist, in der wir festhängen. Vielleicht gab es etwas, was wir unbedingt im Leben erreichen wollten, aber vergessen haben. Möglicherweise haben wir genau zu dieser Zeit ein für uns wichtiges Lebensgefühl oder einen Teil unserer Seele verloren, weil wir eine schlechte Erfahrung gemacht und diese verdrängt haben. Vielleicht wartet dort ein Ideal, das es jetzt wieder aufzugreifen gilt. Es lohnt auf alle Fälle, sich noch ein Mal intensiv mit der im Traum gezeigten Zeit zu beschäftigen. Irgend etwas möchte von dort ins Jetzt geholt werden.
Hat man solche Träume, kann man seine innere Führung, seine Spirits, sein höheres Selbst, seine Engel fragen und sie bitten, einen im Traum zu führen und einem das zu zeigen, was aus dieser Zeit für die Gegenwart wichtig ist. Die Antwort wird kommen. Wenn wir die Botschaft angenommen haben, dann hören die Zeitschleifen in der Regel auf.

Flucht- und Verfolgungsträume

Die Nacht ist wie ein großes Haus.
Und mit der Angst der wunden Hände
reißen sie Türen in die Wände –
dann kommen Gänge ohne Ende,
und nirgends ist ein Tor hinaus.
Rainer Maria Rilke, österreichischer Dichter

Verfolgt zu werden oder zu fliehen sind zwei der häufigsten Traumgeschehen. Opfer- und Täterverhalten kommen hier zum Tragen. Wir wollen wegrennen und kommen nicht von der Stelle. Irgend etwas, auf jeden Fall etwas Bedrohliches, verfolgt uns. Wir bekommen keine Luft mehr und haben Angst vor dem, was sich da anschleicht, uns zu ergreifen begehrt, und wir versuchen zu fliehen … Diese Träume sind oft düster, die Farben fahl, mit einzelnen grell aufleuchtenden Bildern. Das Traumgeschehen selbst wirkt oft surreal oder hat surreale Elemente: Plötzlich spüren wir keinen Boden mehr unter den Füßen; eine Tür erscheint und flößt uns unsägliche Angst ein; ein Schatten mit Hut tritt aus einem Schrank … All das löst Angst aus, uns wird heiß, wir fangen an zu schwitzen, bekommen keine Luft, das Herz fängt an zu rasen, wir ringen nach Atem …

Diese Art Albträume ist ein Hinweis auf Dinge, die in der Vergangenheit unerledigt blieben, die damals nicht erlöst werden konnten. Letzteres hat zur Folge, dass wir unsere Kraft nicht vollständig zur Verfügung haben; ein Teil davon ist in einer traumatischen Erinnerung gebunden. Statt dass wir unserer Kraft nachjagen, jagt sie uns – in unseren Träumen. Der gefesselte Anteil möchte Erlösung finden. Der Träumende versucht, einer Verantwortung oder seinem Gefühl, schuldig zu sein, versagt zu haben etc., zu entkommen. Gefühle, mit denen er nicht fertig wird, können hier ebenfalls gemeint sein.

Bei Albträumen dieser Art ist es gut, sich Unterstützung zu holen und mit diesem Traum bewusst zu arbeiten, um seine Ursachen aufzulösen. Dazu können wir sowohl menschliche Therapeuten als auch Wesen aus der geistigen Welt der Engel, Naturwesen, Spirits und Krafttiere um Hilfe bitten. Eine mögliche Vorgehensweise ist, den Traum bei Tag zu betrachten und ihn auf eine gute Weise bewusst zu Ende zu erzählen. So trainieren wir uns auf eine mögliche Lösung, die dann oft auch im Traum geschieht. Ein weiterer Weg kann sein, zu üben, im Traum aufzuwachen (siehe »Traumpraxis«).

Einbruchsträume

Grenzen in grenzenloser Weite –
im Traum lernen wir unsere Grenzen kennen.

Wir versuchen, die Tür abzuschließen, sie geht aber immer wieder auf. Wir bemühen uns, etwas Gestaltloses draußen zu halten, aber wenn wir es an einer Stelle geschafft haben, quillt es an anderer Stelle herein. Wir träumen, dass in unsere Wohnung eingebrochen wird und dass jemand in unserem Haus, in unserer Wohnung herumschleicht. Wir hören, dass ein Fenster kaputtgemacht wird und jemand hereinkommt. Wir fühlen uns nicht sicher. Wir sehen, jemand steht in unserer Wohnung, und wir wollen ihn hinausschicken, doch er geht nicht ... Der Traum ist oft düster und das Licht gedämpft. Er kann erschreckend real wirken, der Ablauf der Geschehnisse scheint logisch, und manchmal gibt es mehrere Handlungsstränge. Heftige Angst und Panik sind häufig die Folge eines solchen Traums; er kann sogar bis zur Todesangst führen.

Diese Form des Albtraums hat mehrere Ebenen: Zum einen ist es möglich, dass wir uns von bestimmten Menschen, welche unterschwellig aggressiv sind, ganz real energetisch bedroht fühlen. Zum anderen weisen Träume dieser Art ganz allgemein darauf hin, dass ein Mensch keine Grenzen setzt/setzen kann, sich schutzlos fühlt, nicht nein sagen kann, sich ausnutzen lässt, Energieraub zulässt, zu viel gibt und zu wenig zurückbekommt. Träumen wir dergleichen, so zeigt das, dass uns Schutz, klare Grenzen, innere Sicherheit, ein gesundes Selbstwertgefühl und ein Teil unserer eigenen Kraft fehlen. Entsprechend können wir diesen Träumen die Grundlage entziehen, indem wir daran arbeiten, ein gesundes Selbstbewusstsein aufzubauen, vernünftige Grenzen zu setzen und persönliche Schutzmaßnahmen zu ergreifen. In diesem Rahmen gilt es zu prüfen, welche Menschen uns Energie rauben und uns schwächen. In dem Maße, in dem wir lernen, »Nein« zu sagen und uns zu unserer vollen Größe aufzurichten, wird diese Art Träume aufhören.

Wiederholungsträume

Wenn du es eilig hast, mach einen Umweg.
Japanisches Sprichwort

Wir wählen eine Telefonnummer und müssen immer wieder von vorn anfangen. Wir suchen eine Tür, und wenn wir sie gefunden haben, entzieht sie sich uns, und wir müssen uns von Neuem auf die Suche machen. Ein Gang ist zu Ende, der nächste Gang fängt an … Wir kommen immer wieder an den gleichen Punkt – das ist ähnlich wie bei der Zeitschleife, hat jedoch keinen Bezug zu einem Ereignis in unserer Vergangenheit. Wiederholungsträume dieser Art spiegeln unsere Angst wider, nicht mit einer Situation fertig werden zu können. Wir stehen unter Druck und meinen, ihm nachgeben zu müssen. Wir glauben, wenn wir die Lage nicht meistern, dann passiert etwas ganz Schlimmes. Diese Träume sind für uns ein Hinweis darauf, dass es an der Zeit ist, eine Pause einzulegen und uns mal wieder richtig zu entspannen. Es gilt, nachzuschauen, was den Druck verursacht, ihm ein »Gesicht« zu geben und womöglich Lösungen zu entwickeln, wie man ihn auflösen oder zumindest mildern kann.

Angstträume von Verlust, Tod, Mangel

Hinter jeder dunklen, schwierigen Frage deines Lebens
verbirgt sich göttliche Weisheit.
Hinter den tiefsten, dunkelsten Fragen
verbirgt sich neues, wunderbares Licht.
Otto Stockmayer, deutscher Pfarrer
und Evangelist

Wir träumen … dass unsere Mutter stirbt, obwohl dazu keinerlei Veranlassung besteht, denn sie ist quicklebendig… dass unser Partner fremdgeht und sich mit anderen vergnügt … dass ein Mensch, den wir lieben, schwer krank wird … dass wir unseren Job verlieren … Bei diesen Träumen bewegen wir uns in einem Grenzgebiet. Einige offenbaren die geheimen Begierden, versteckten Absichten und Wünsche von Menschen, die uns nahestehen, andere kündigen uns ein tatsächlich bevorstehendes Ereignis an. Wenn wir beispielsweise ein Traumtagebuch schreiben, erkennen wir mit der Zeit die feinen, aber wichtigen Unterschiede; uns selbst zu beobachten gehört dazu.

Die prophetischen Träume weisen ganz besondere Merkmale auf: Die Botschaften kommen angeflogen und dringen langsam in uns ein. Sie lösen keine Emotionen in uns aus; wir fühlen uns innerlich gut und stabil, sind offen, frei und empfänglich. Zudem haben wir den Eindruck, dass das, was wir sehen, von außen und nicht aus unserem tiefsten Inneren kommt. Die Farben sind hell und klar. Wir empfangen die Schwingung, die Energie, von anderen und erfassen deren wahre Absicht.

Wenn wir den Traum bewusst erleben, können wir uns auf die Ereignisse seelisch vorbereiten. In der Regel jedoch leben wir unbewusst. Wir schauen nicht, wie es uns geht, und lassen zu, dass unsere geheimen Ängste, Sorgen, Gefühle und unaufgearbeiteten Traumata in unseren Träumen neue Gestalt annehmen. Alles vermischt sich miteinander. Möglicherweise waren wir sehr empfänglich und haben viel von anderen aufgenommen, was sich in unseren Träumen vermischt. Vielleicht ist im Tagesgeschehen durch Nachrichten, ein Bild, einen Geruch oder eine Begegnung ein altes Thema wieder angesprochen worden, vielleicht sind verschüttete Gefühle durch Worte geweckt worden, die nicht so gemeint waren.

Diese Art Träume deutet auf Mangel, Begierden und nicht bearbeitete Themen in uns hin. Sie sind ein Zeichen dafür, dass wir über wenig Energie verfügen und diese von anderen abhängig gemacht haben. Themen wie Verlust, Trennung, Schmerz, Schock, Entzweiung … sitzen wie Blockaden in unserem Energiefeld. Unser Unterbewusstsein verwendet nun die aktuellen Lebenssituationen dazu, diese alten Themen auszugraben, da sie immer noch ungelöst und unverdaut in uns schlummern. Es ist wichtig, sich damit auseinanderzusetzen, die aktuelle Situation anzuschauen. Es gilt zu erkennen, was das Grundthema ist, das dahintersteht. Was möchte gelöst werden? Das ist eine Gelegenheit, unsere Heilkraft zu aktivieren und sie in diese Träume hineinzulenken, damit die alten Themen abgeschlossen werden können.

Manchmal sind diese Träume auch ein Zeichen dafür, dass es einfach an der Zeit ist, sich aus der Außenwelt zurückzuziehen, sich von allem zu lösen, sich mit sich selbst zu beschäftigen und Frieden und Ruhe in sich zu finden. Um uns aufzuladen und unsere Energie aufzubauen, sollten wir Meditationen, Körperübungen, Spaziergänge in der Natur machen oder auch uns massieren (lassen). Dadurch können wir diese Träume oft schnell zum Abklingen bringen oder eine angenehmere Gestalt annehmen lassen.

Karmische Albträume

Du kannst deinem Schicksal nicht entfliehen.

Die zweite Natur in uns ist geistig. Geistige Energie kann nicht zerstört, sondern nur in andere Zustände gewandelt werden. In vielen Kulturen ist die Wiedergeburt ein ganz selbstverständliches Konzept. So wie sich die Natur im Winter zurückzieht und im Frühling wiederkehrt, so wandelt unsere geistige Essenz im Rad des Lebens.

Unter karmischen Träumen versteht man in diesem Rahmen Träume, die mit diesem Leben nichts zu tun haben können, da wir darin noch nie Erfahrungen gemacht haben, die Ursache für das Traumgeschehen sein könnten. Es wird also ausgelöst durch frühere Erlebnisse und Eindrücke, die in der Seele gespeichert, aber noch nicht aufgearbeitet sind. Besonders gut lässt sich diese Art Träume bei Kindern erkennen: Ein Kind, das noch nie ein Feuer erlebt hat, träumt ständig von brennenden Dörfern … ein anderes träumt ständig von Menschen in

Ritterrüstungen und Kämpfen, die an ganz bestimmten Orten stattfinden, an denen es noch nie war … eines träumt, obwohl es weder Schiff noch Meer kennt, immer wieder, wie ein Schiff sinkt und um es herum die Menschen schreien und wie es schließlich ertrinkt …

Die Seele drückt sich in Metaphern aus, deshalb ist es auch in diesem Fall wichtig, die Lage genau zu prüfen. Es kann nämlich durchaus sein, dass bestimmte Bilder einfach sinnbildlich für eine aktuelle Situation stehen. Ein Kampf in Rüstung kann genauso gut den Lebenskampf darstellen, den der Träumende gerade erlebt. Karmische Träume erkennt man daran, dass sie Fakten enthalten, die der Mensch eindeutig nicht kennen kann. So träumt er z. B. in altfranzösisch, obwohl er mit Frankreich überhaupt nichts zu tun hat; er sieht sich an geographisch genau lokalisierbaren Orten, an denen er noch nie war und über die er auch nichts weiß; er erlebt Umstände, die es heute in dieser Art nicht gibt; er sieht Menschen in anderen geschichtlichen Zusammenhängen und in Verbindungen, die heute neu und anders wieder geknüpft sind.

Karmische Träume spielen oft vor einem dunkelvioletten Hintergrund. Sie scheinen aus einem bodenlosen Urgrund in uns aufzusteigen und uns aus fernen Zeiten und Kulturepochen zu erreichen. Sie bewegen uns in der Tiefe unserer Seele, und wir fühlen ihre Wahrheit im Herzen als ein unerklärliches inneres Wissen.

Karmische Träume zeigen uns, dass etwas sehr Altes in uns geheilt werden möchte. Sie tauchen dann auf, wenn wir in unserem Leben weitergehen und neue Erfahrungen machen möchten. Eine Voraussetzung dafür ist, dass wir unseren Frieden mit alten Erfahrungen gemacht haben; dabei kann z. B. eine Rückführung helfen.

Weitere Formen von Albträumen

Es gibt auch noch Albträume, zu denen es aufgrund von besonderen Umständen kommt. Es kann sein, dass Albträume nur in Gegenwart bestimmter Menschen auftreten oder an bestimmten Orten oder nachdem man bestimmte Dinge gemacht hat. Angenommen, wir schlafen bei Freunden oder unseren Großeltern, und dort sucht uns immer wieder ein Albtraum heim, in dem uns ein grauer Schatten überfällt und Energie absaugt. Dies kann mit den Menschen, die da leben, zu tun haben, aber auch mit dem Ort selbst. Sind z. B. Menschen an dem Platz verstorben und auf einer anderen Ebene noch weiter daran gebunden, so können wir das über den Traum wahrnehmen. Auch Flüche und Verwünschungen, die über einem Ort liegen, zeigen sich in Albträumen, ebenso die Geister eines Ortes – was sehr unangenehm werden kann, wenn wir sie nicht würdigen. Aber auch Wasseradern, Energieströme der Erde, die an bestimmten Plätzen sehr stark sind, können sich uns über Albträume offenbaren, wenn wir auf diese Energien nicht geeicht sind.

Auf Folgendes gilt es bei Albträumen zu achten:

- Wann treten sie auf?
- An welchem Ort befinde ich mich, wenn ich Albträume habe?
- Wo und wie ist mein Schlafplatz? (Manchmal reicht es, das Bett umzustellen.)
- Mit welchen Menschen war ich zusammen? Welche Menschen spielen in meinen Albträumen eine Rolle?
- Was befindet sich im Umfeld meines Schlafplatzes?
- Fühle ich mich an meinem Schlafplatz geborgen und sicher?
- Was habe ich am Tag erlebt, bevor ich den Albtraum hatte?
- Um welche Art von Albtraum handelt es sich?

Wunschträume

Ich schlief und träumte,
das Leben wäre Freude;
ich erwachte und sah,
das Leben war Pflicht;
ich handelte – und siehe,
die Pflicht war Freude!
Rabindranath Tagore,
bengalischer Dichter
und Nobelpreisträger

Wunschträume zeigen wunderbar, wonach wir uns von ganzem Herzen sehnen. Sie tun das auf überzogene Weise und offenbaren dabei unsere Sehnsucht nach guten Gefühlen. Wir erfahren dadurch, welche emotionalen oder auch spirituellen Teile uns in unserem Leben fehlen. In diesen Träumen erscheint alles oft in leuchtendbunten Farben und in seiner optimalen Form.

So träumen wir z. B., dass sich ein Filmstar oder ein Musiker/eine Musikerin, den/die wir sehr verehren, in uns verliebt und wir mit ihm/ihr die wunderbarste Nacht unseres Lebens erleben, obwohl wir in unserem normalen Leben einen Partner haben, mit dem wir glücklich sind und neben dem wir am Morgen gern aufwachen. Hier wird unser tiefes Bedürfnis nach Glück,

Erfüllung und Versorgtsein sichtbar, was uns daran erinnert, wie intensiv unser Lebensgefühl sein sollte. Wir wollen nicht wirklich aufwachen. Im Traum ist unsere Energie höher und stärker als im Wacherleben oder im Alltag. Es ist wichtig, hinzuschauen, welche spirituellen, emotionalen und körperlichen Bedürfnisse erfüllt werden wollen.

Goldene Träume lassen uns hungrig aufwachen.
Britisches Sprichwort

Merkmale von Wunschträumen

- Die Farben darin sind oft hell und strahlend, bunt und schillernd, pastellig und zart, glänzend und nachgerade überstrahlt.
- Die Handlungsabfolge ist meist logisch, und alles gestaltet sich so, wie wir es uns wünschen.
- Das Geschehen ist häufig regelrecht kitschig und überzogen, unter Umständen auch fantastisch überspitzt, und entsprechend meist viel romantischer, als es in Wirklichkeit je sein kann.
- Wir wachen danach mit einem wohligen, manchmal sogar seligen Gefühl auf und möchten gar nicht richtig zu uns kommen, weil es gerade so guttut.
- Wir fühlen uns anschließend aufgetankt und für kurze Zeit als Held in unserem Leben.
- Die Realität wirkt dagegen dunkel.
- Die Gefahr dabei ist, dass man sich in die Träume flüchtet, statt sich den eigenen Bedürfnissen zu stellen.

Halbschlaf/Ammenschlaf

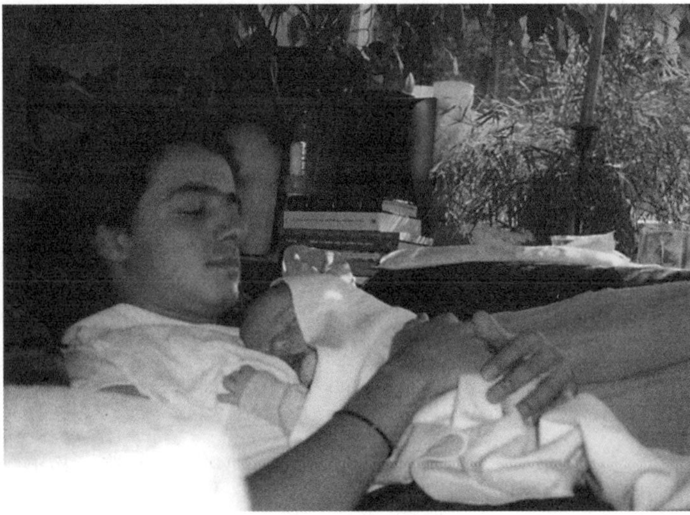

Momente können Schlüssel sein zu Türen, die entweder auf- oder zugehen und uns in Korridore führen, die unserem Leben möglicherweise eine völlig neue Richtung geben.
Christoph Mittler-Coe , deutscher Schriftsteller

Der Halbschlaf ist ein Zustand zwischen Schlafen und Wachen – ein Teil von uns schläft ganz fest, und ein anderer Teil ist bei vollem Bewusstsein. Im Halbschlaf erkennt man bewusst, dass man dabei ist, einzuschlafen – oder aufzuwachen. Sobald wir Anzeichen von Unruhe verspüren, sind wir augenblicklich hellwach. Wir fallen in Halbschlaf, wenn unsere Seele zwischendurch versucht, sich zu erholen oder wieder ein bisschen Kraft zu tanken. Der Halbschlaf kann inspirierend wirken und das Tor zu einem höheren Bewusstsein öffnen, sodass viele Lösungen in diesem Zustand gefunden werden.

Ich träume, hoffentlich weckt mich niemand auf.
Alexander Radulescu, rumänischer Tennisspieler

Merkmale des Halbschlafs/Ammenschlafs

- Die Augen schließen sich.
- Die letzten Gedanken und die Geräusche der Umgebung werden noch bewusst wahrgenommen.
- Man fühlt das Außen noch, und gleichzeitig beginnt die Entspannung im Innen. Man beginnt einzusinken – Innenwelt und Außenwelt verschmelzen miteinander. Hier können wir die Lösungen für Probleme finden, die uns momentan beschäftigen.
- Sobald sich in der Umgebung etwas tut, ist ein Teil von uns augenblicklich wieder wach und handlungsfähig.
- Träume finden zwischen Wachen und Schlafen statt, nicht im Alphazustand.
- Alle Farben sind möglich und blitzen auf.

Tagträume

Bevor unsere Träume Früchte tragen können, müssen sie in der Wirklichkeit Wurzeln geschlagen haben.

Ernst Ferstl,
österreichischer Lehrer und Aphoristiker

Der Tagtraum findet während des Wachens statt, man kippt dabei kurzzeitig, aber manchmal tief in die Traumwelt. Ein Tagtraum äußert sich symbolisch und kann deswegen wie ein nächtlicher Traum gedeutet werden, wobei man besonders darauf achten sollte, wie die reale Situation und der Tagtraum sich zueinander verhalten und welche Fragen einen aktuell beschäftigen.

Viele Künstler, Erfinder, Propheten hatten ihre Eingebungen während eines Tagtraums. Sie forschen, suchen, experimentieren, weil sie einen Traum verfolgen. Sie konzentrieren sich mit ihrer ganzen Aufmerksamkeit auf alle Einzelheiten ihrer Vision. Darüber kippen sie kurz weg, und wenn sie wieder wach werden, hat sich ihnen – manchmal – in den Bildern und Eingebungen ihres Tagtraums die Lösung offenbart.

Wenn wir uns mit der Lösung eines Problems beschäftigen, so ist unser Verstand aktiv. Doch dieser hat nur begrenzte Kapazität und ist an Raum, Zeit und andere physikalische Gesetzmäßigkeiten gebunden. Durch den Kurzschlaf wird der Verstand zum wachen Beobachter einer tiefen seelischen Tätigkeit, und dabei kommt unsere kreative Seite, die nicht an Raum und Zeit gebunden ist, zum Tragen. Aus Traum und Tat besteht die optimale Verbindung, die uns unsere Wünsche und Ziele verwirklichen lässt, in ihr liegt die Lösung.

Die Träume von gestern sind die Hoffnungen von heute und die Realitäten von morgen.
Robert Hutchings Goddard,
amerikanischer Wissenschaftler und Raketenpionier

Merkmale des Tagtraums

- Man kippt kurzzeitig weg.
- Man kann den unsichtbaren Energiestrom spüren, der unterschwellig unser Leben trägt und unsere Entscheidungen und Handlungen erheblich beeinflusst.
- Er bezieht sich meist auf das, was uns im Wachzustand gerade beschäftigt, deswegen sollten wir die Fragen im Gedächtnis bewahren, die uns vor dem Tagtraum beschäftigt haben – er gibt nicht selten die Antwort darauf.
- Er kann leichter erinnert werden, da der Verstand aktiv ist und beobachtet.
- Die Farbgebung ist fließend wie bei einem Aquarellbild.

Tiefschlaf

Ich war tief weg – doch frage nicht, wo.
Ich bin wieder da – es war halt so.
(Quelle unbekannt)

Der Tiefschlaf bezeichnet jenen Zustand, in dem alles Begehren versiegt und man nichts träumt. In den indischen Veden wird das, was man dann ist, mit dem »wahren Selbst« gleichgesetzt. Wenn man tief schläft, still und traumlos, ist man *atman* (das Selbst), das unsterbliche, fruchtlose *brahma* (das All-Einige, die Urenergie). Wenn man richtig im Tiefschlaf war, fühlt man sich anschließend erholt, verjüngt, erfrischt.

Merkmale des Tiefschlafs

- Alle Muskeln sind erschlafft, alles ist locker und schwer.
- Man bekommt nicht mit, wenn andere das Zimmer betreten, es verlassen oder einen berühren.
- Nach dem Aufwachen kann man sich an nichts erinnern.
- Anschließend fühlt man sich zutiefst erholt.
- Man hat das Gefühl, als ob man weit weg gewesen sei.

Symbolträume

Bei Traumvisionen, wo es zum geistigen Erwachen kommt, drückt sich dieses am häufigsten in Symbolen oder Zeichen aus. Wenn Sie sich darin üben, Ihre Visionen zu deuten, müssen die Ausdrucksformen von Auge, Hand, Mund, Haltung oder Ähnlichem in ihrer eigenen Sprache verstanden werden. Sind diese dann symbolisch, so steht das Erwachen (des Geistes) bevor.

Jess Stearn, amerikanischer Autor
(in: Edgar Cayce – Der schlafende Prophet)

Der Traum bedient sich oft einer symbolhaften Sprache, da sie universell ist. Symbole können auch das geistige Erwachen und Formen der universellen Kommunikation anzeigen. Jeder Mensch ist anders, und für jeden Menschen kann ein Symbol etwas anderes bedeuten, obwohl es auch universelle Symbole gibt, die fast immer denselben Gehalt haben (siehe Kapitel »Traumdeutung«). Oft sind wir aber auch nicht stark genug, der hässlichen Seite unserer Persönlichkeit gegenüberzutreten, verbergen vor uns selbst unsere hässlichen, negativen Eigenschaften und Meinungen, weshalb sich der Traum eines schützenden Symbolismus bedient.

Symbole oder Zeichen können den komplexen Inhalt eines Traumes besser ausdrücken als Worte oder klare alltägliche Handlungen. Der Spielraum ist dadurch unendlich.

Die meisten Träume spiegeln uns unsere Wirklichkeit in symbolischer Form.

C.G. Jung, Schweizer Psychotherapeut

Merkmale der Symbolträume

- In ihnen zeigen sich deutlich, oft auch mehrmals, Symbole – Zeichen, Zahlen, Formen.
- Sie senden uns Zeichen, Warnungen oder Botschaften aus den geistigen Reichen, zeigen uns Dinge, die beachtet werden wollen.
- Die Handlung ist häufig abstrakt und verschlüsselt, unzusammenhängend, vom Alltag losgelöst.
- Die Träume können eintönig sein, sich ständig wiederholen, als ob eine Schallplatte »hinge«.
- Die Traumbilder erscheinen sowohl in Schwarz-Weiß als auch in Farbe oder gemischt.
- Das Symbol sticht deutlich heraus.

Präluzides Träumen

Träume sind wie Reflexionen im Wasser.
Ist das Wasser stark bewegt, ähnelt das Spiegelbild kaum
noch dem Original. Geschickt ist jeder, der unterscheiden
kann. Die innere Bewegung verstellt die Klarheit des Traums.
Darum werde ruhig, beruhige das Wasser in dir,
bevor du das Traumland betrittst.
(Quelle unbekannt)

Als präluzides Träumen wird die Stufe vor dem luziden Träumen, dem Klarträumen, bezeichnet. Der Träumende wird dabei im Traum wach. Er ist ein Beobachter des Geschehens, kann über den Zustand reflektieren, doch ist ihm nicht bewusst, dass er in das Geschehen eingreifen oder gar aktiv handeln kann.

Merkmale des präluziden Traums

- Im Traum merkt man, dass man träumt.
- Zwar träumt man bewusst, ist aber noch nicht in der Lage zu handeln.
- Man beobachtet das Traumgeschehen.
- Die Bilder sind abwechselnd klar oder verschwommen.
- Alle Farben sind möglich.

IN MEINEM WILDEN HERZEN

Wunderliches Wort: die Zeit vertreiben! Sie zu halten,
wäre das Problem.
Denn wen ängstigt's nicht: Wo ist ein Bleiben,
wo ein endlich Sein in alledem?
Sieh, der Tag verlangsamt sich, entgegen jenem Raum,
der ihn nach Abend nimmt:
Aufsteh'n wurde Steh'n, und Steh'n wird Legen,
und das willig Liegende verschwimmt.
Berge ruh'n, von Sternen überprächtigt,
aber auch in ihnen flimmert Zeit.
Ach, in meinem wilden Herzen nächtigt
obdachlos die Unvergänglichkeit.

Rainer Maria Rilke,
österreichischer Dichter

Luzide Träume/Klarträume

Die im Wachen träumen, haben Kenntnis
von tausend Dingen, die jenen entgehen,
die nur im Schlaf träumen.
Wols (Alfred Otto Wolfgang Schulze),
deutscher Fotograf, Maler und Grafiker

Der Begriff »luzides Träumen« geht auf den niederländischen Dichter und Psychiater Frederik Willems van Eden zurück, der gegen Ende des 19. Jahrhunderts lebte. »Luzide« bedeutet so viel wie »klar« oder, im übertragenen Sinne, »rational«.
Klarträume werden Träume genannt, in denen man sich vollkommen bewusst ist, dass man träumt, und nach eigenem Ermessen aktiv in das Traumgeschehen eingreifen kann. Der Träumende wacht auf, beobachtet und wird zum klarsichtigen Akteur. Er hat freie Entscheidungs- und Handlungsfähigkeit. Die Umgebung, in der er zu sich kommt, kann er oft nicht bestimmen; sie ist einfach da. Nach dem Aufwachen erinnert er sich klar und deutlich an das Traumgeschehen. Es kann für ihn realer wirken als das Leben im Wachzustand.
Klarträume treten eher gegen Ende des Schlafzyklus auf, zwischen fünf und acht Uhr morgens. Thomas von Aquin, einer der bedeutendsten italienischen Philosophen und Theologen, erklärte, dass unser Geist in dieser Phase am wenigsten mit unserem materiellen Körper verbunden sei.
Man kann lernen, bewusst in seinem Traum aufzuwachen und alte Muster und Programmierungen auflösen, indem man das Ende des Traums bzw. das Traumgeschehen selbst bestimmt

und zielgerichtet anders handelt als vorgesehen. Darin wohnt eine tiefe Heilkraft: Wir können über uns selbst hinauswachsen und dabei neue Kräfte gewinnen.

Merkmale des luziden Traums

- Man wacht im Traum auf und weiß, dass man träumt.
- Der Traum ist klar, und man bewegt sich bewusst durch ihn hindurch.
- Die Abfolge der Ereignisse ist logisch, wie in der Realität, das Geschehen allerdings schärfer gezeichnet. Es kann jedoch Elemente beinhalten, die in der momentanen Realität nicht mehr auf diese Art und Weise existieren.
- Oft weiß man, was als Nächstes kommt, und kann entsprechend umsichtig handeln.
- Im Verlauf des Traums kann man die Ebenen wechseln, wenn man will.
- Man ist voll handlungsfähig und kann den weiteren Verlauf lenken und verändern.
- Man kann Fragen stellen und mit den Traumcharakteren in Kontakt treten.
- Die Farben sind häufig hell und strahlend, dabei sind alle Farbgebungen möglich.

Wahrträume

Träumen tut jeder Mensch, ob er es weiß oder nicht. Aber die seltenen Erlebnisse, die ich meine, sind von anderer Substanz. Der Mensch, dem sie geschehen, weiß um ihre Unverwechselbarkeit, und es wird ihm, solange er auf dieser Erde weilt, unmöglich sein, sie aus seinem Gedächtnis zu tilgen. Sie sind lebendiger als das »reale« Leben. Meist sind sie eine Botschaft, die sich auf etwas dem Menschen in der Zukunft Bevorstehendes bezieht.

Gerta Ital, deutsche Schriftstellerin
(in: Auf dem Wege zu Satori)

Wahrträume sind oft die Folge spiritueller Praxis. Sie zeigen uns, dass wir uns mit der Quelle in uns verbunden haben und von ihr geführt werden. Sie stammen aus dem göttlichen Selbst, das dem Menschen innewohnt und durch den Traum klar und unmissverständlich die Wahrheit offenbart. Wahrträume zeigen den nächsten Schritt deutlich an und sind meist in die Zukunft gerichtet. Wer einen solchen Traum hat, weiß ganz sicher und zweifelsfrei, dass das, was er darin erfährt, die Wahrheit ist.

Manche Wahrträume übermitteln uns nur einen Satz, und das über einen längeren Zeitraum. Dieser Satz dringt so deutlich zu uns vor, dass wir ihn nicht überhören können. Er hat einen tiefen, sinnreichen Inhalt, der von uns erfahren und gelebt werden will. Andere Wahrträume führen uns aber auch zu einem Meister oder einer Meisterin, der/die uns eindeutige Anweisungen erteilt. Zwar verstehen wir ihre Botschaft nicht immer sofort, obwohl wir augenblicklich um deren wahren Inhalt wissen, doch im Laufe der Zeit offenbart sie sich uns von selbst durch unser Leben. Wir können uns dessen ganz gewiss sein.

Merkmale des Wahrtraums

- Wir verspüren eine deutliche innere Gewissheit um die Wahrheit der Botschaft. Das, was wir erfahren, kann uns wie ein Blitz im Herzen treffen, du weißt einfach, dass es stimmt.
- Das Geschehen ist klar, lichtvoll und unmissverständlich.
- Wir erleben den Traum als deutlichen, unverwechselbaren Ausdruck der geistigen Präsenz.
- Wir erhalten darin Instruktionen von höchster Ebene.
- Die Botschaft ist, vom Jetzt ausgehend, in die Zukunft gerichtet; sie zeigt uns den nächsten Lernschritt, der für uns ansteht.
- Wahrträume zeigen uns, dass wir auf dem richtigen Weg sind – wir sind »online« mit den höheren Ebenen.
- Das, was wir geträumt haben, wird sich immer durch das Leben bewahrheiten.
- Die Farben sind sehr klar, hell, irisierend, schillernd; die vorwiegende Farbgebung liegt im Bereich von Gold, Weiß und Gelb.

Telepathische Träume

Das Herz allein kennt das Wesen der Liebe; das Auge der Vernunft hat nicht die Kraft, sie zu erblicken.
(Quelle unbekannt)

Telepathie ist geistiges Schauen. In telepathischen Träumen empfangen wir Botschaften von geliebten Menschen, sehen Bilder von Plätzen, mit denen wir Verbundenheit empfinden. Im Herzen gibt es weder Raum noch Zeit. Wir können dort Ereignisse schauen, die gerade auf der anderen Seite der Welt geschehen. Vielleicht sehen wir träumend ein Erdbeben, und tatsächlich hat genau zu dieser Zeit eines stattgefunden. Oder wir träumen von einer geliebten Person, die gerade das Schiff wechselt, und erfahren später, dass sie dies tatsächlich getan hat. Es ist eine natürliche Gabe des Menschen, mit der Geistseele telepathisch Verbindung aufnehmen und über diese mit ihr kommunizieren zu können. Wir empfangen ihre Mitteilungen über den Traum. Der telepathische Traum hat besondere Merkmale: Es ist, als ob sich ein Tunnel öffnet und wir auf einen Bildschirm schauen. Ohne Worte begreifen wir den Inhalt dessen, was wir darauf erblicken. Danach verblasst das Bild wieder, und der Tunnel verschließt sich. Es ist eher wie eine Schau, ein inneres Sehen im Traum.

Wie ein unsichtbares Netz webt sich der Lebensfaden zwischen Mensch, Umwelt und Natur. Alles ist miteinander verbunden.

Merkmale von telepathischen Träumen

- Die vorherrschenden Farben sind Rosa, Weiß, oder es schimmert alles gelblich; darüber hinaus sind alle Farben möglich.
- Das Bild öffnet sich, wird klar und deutlich, dann verblasst es wieder.
- Eine Person, ein Wesen kann wie über einen Bildschirm zu uns sprechen.
- Wir empfangen eine Botschaft meist als schlichte, einfache, direkte Weitergabe von Informationen; manchmal wird sie aber auch in symbolischer Form übermittelt.
- Die Botschaft ist nicht an bestimmte Personen gebunden, sondern kann von Energie zu Energie über das Herz übermittelt werden. Der Träger ist die Liebe.
- Die Informationsübertragung vom Sender zum Empfänger erfolgt wortlos über unseren inneren Sehsinn.
- Wir sind Beobachter von Ereignissen; wir beobachten, was geschieht – als ob wir fernsehen würden.
- Das Geschehen löst keine Emotionen aus, da wir es einfach beobachten.
- Die Bilder sind klar, realistisch, und die Abfolge logisch, wie in einem Film.
- Das Erleben dieser Träume ist unabhängig vom Bewusstheitsgrad des Träumenden.

- Sie erwecken ein inneres Wissen in uns.
- Meist erhält man anschließend in der Realität eine eindeutige Bestätigung der übermittelten Ereignisse.

Prophetische Träume/ Weissagungsträume

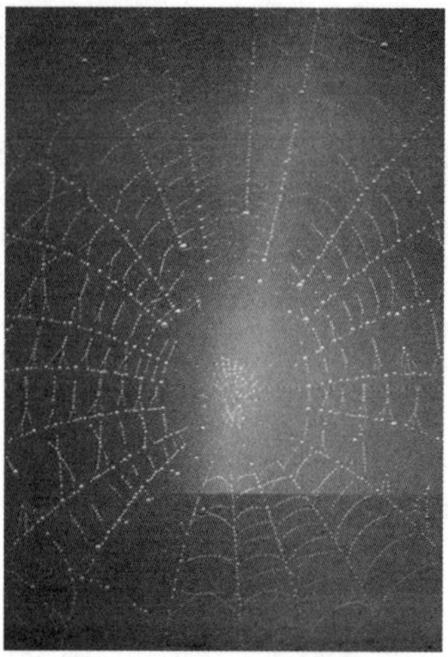

Große Ereignisse werfen ihre Schatten voraus.
Thomas Campbell, schottischer Dichter (in: Lochiels Warnung)

In prophetischen oder vorausschauenden Träumen bzw. Weissagungsträumen offenbart sich die Zukunft deutlich und unmissverständlich. Meist greift die Vorhersage der Zeit weit voraus. Während Wahrträume meist auf die spirituelle Entwicklung einer Person verweisen, beziehen sich prophetische Träume auf das zukünftige Schicksal von Menschen, Menschheitsführern, zeitgeschichtlich relevante Ereignisse, weitreichende Begebenheiten, größere Gruppen, die menschliche Gemeinschaft und auf die Entwicklung unseres Planeten. Sie können jedoch ebenfalls sehr irdische und praktische Dinge des Lebens betreffen.

Edgar Cayce wurde einmal gefragt: »Werden Zustände bereits geschaffen, wenn man davon träumt? Und wie kommt es, dass man von feststehenden Zuständen träumt?« Er antwortete, das Gesetz von Ursache und Wirkung sei unveränderlich; genauso wie Gedanke, Absicht, Ziel und Wunsch durch den Geist ausgelöst werden, stehe das Resultat fest und sei deshalb voraussehbar. Jeder Zustand werde zuerst geträumt, bevor er sich verwirklicht, deswegen könne jedes wichtige Geschehnis vorhergesagt werden.

Jess Stearn, amerikanischer Autor
(in: Edgar Cayce – der schlafende Prophet)

Weissagungsträume sind Träume höherer Ordnung. Sie werden oft von Menschen empfangen, welche sich in den Dienst an der Menschheit und der Entwicklung der Erde gestellt haben. Sie können sich in Metaphern und Gleichnissen – man denke nur an die von Josef gedeuteten Träume des Pharaos: sieben fette Kühe für sieben üppige Jahre, sieben magere Kühe für die knappen Jahre – oder in logischen Bildern darstellen. Herrscher und Führer, die schwerwiegende Entscheidungen zu treffen hatten, haben sich oft kundiger Traumdeuter bedient, welche der Weissagung und des prophetischen Träumens fähig waren. In prophetischen Träumen befinden wir uns auf hohen Ebenen jenseitiger Bereiche, in den Archivhallen und Tempelstätten der Meister und Meisterinnen, wo wir Einsicht in die Lebenspläne von Einzelnen, Gruppen, Ländern usw. erhalten können. Berühmte Empfänger solcher Träume waren Edgar Cayce, Emanuel Swedenborg, Nostradamus, und aus der griechischen Sagenwelt kennen wir die Gestalt der Kassandra.

Die wahrheitsverkündenden Träume kommen aus einem elfenbeinernen Tor hervor, während sich die irreführenden Träume aus hörnernem Tor ergießen.

Homer, Dichter im antiken Griechenland
(in: Die Odyssee)

Merkmale des prophetischen Traums

- Diese Träume sind in die Zukunft gerichtet und erfüllen sich zu ihrer Zeit – wenn auch manchmal erst viele Jahre später.
- Die Bilder zeigen sich in lebendigen, strahlenden Farben – niemals schwarz-weiß oder grau. Sie weisen oft eine besondere Farbbrillanz auf, haben ein inneres Leuchten, etwas Durchscheinendes, etwas Klares, Helles, Einleuchtendes.
- Die Traumhandlung ist klar, deutlich und übersichtlich. Die Abfolge der Ereignisse ist logisch.
- Die Handlung kann einen gleichnishaften, symbolhaltigen Inhalt haben.
- Oft erscheinen nachprüfbare Fakten wie Daten, Zahlen, Orte.
- Der Träumende empfindet tief in sich das Wissen, dass etwas Wichtiges übermittelt wurde.
- Auch nach dem Aufwachen bleibt der Trauminhalt leicht nachvollziehbar und klar.
- Selbst wenn folgenreiche Fakten übermittelt werden, löst das im Traum keinerlei emotionale Reaktion aus und wird aufgenommen wie eine nüchterne »Übertragung«.
- Emotionale Reaktionen folgen erst nach dem Erwachen, wenn man bewusst verstanden hat.
- Diese Träume sind nicht manipulierbar oder abänderbar – sie müssen so erzählt werden, wie sie geträumt wurden.
- Wir empfangen sie aus höchsten Gefilden.
- Sie werden von unerfahrenen Träumern oft nicht ernst genommen oder gehört, da sie zu gewaltig sind und das Gesehene unvorstellbar klingt.

Offenbarungen

Eine Tür war geöffnet am Himmel; und die Stimme, die vorher zu mir gesprochen hatte und die wie eine Posaune klang, sagte: Komm herauf, und ich werde dir zeigen, was dann geschehen muss. Sogleich wurde ich vom Geist ergriffen. Und ich sah: ...

Johannesoffenbarung 4,1 und 4,2

Offenbarungen erkennen wir daran, dass sie lang und ausführlich sind und über einen längeren Zeitraum empfangen werden – und nicht unbedingt im Schlaf. Sie haben eine lange Erfüllungsdauer, d. h., die darin beschriebenen Ereignisse liegen häufig in ferner Zukunft. Sie können geistige Reiche beschreiben, die kaum ein Normalsterblicher je betreten hat – weder im Schlaf noch in Meditation oder Trance (das neue Jerusalem, Shambala …). Oft geben sie dem Empfänger einen Leitfaden an die Hand (siehe Johannesoffenbarung). Die Botschaften sind sehr klar, deutlich und unmissverständlich und werden von einem tiefen inneren Wissen begleitet. Meist empfangen wir sie sinnbildlich ausgedrückt, da es noch keine Worte gibt für zukünftige Erfindungen und Zeitgeschehnisse.

Selig, wer diese prophetischen Worte vorliest und wer sie hört und wer sich an das hält, was geschrieben ist, denn die Zeit ist nahe.

Johannesoffenbarung 1,3

Merkmale von Offenbarungen

- Wir empfangen die Botschaften oft in bildhaften unbegreiflichen, mehrschichtigen Metaphern.
- Meist sind sie zu weitreichend, als dass wir sie mit dem bloßen Verstand erfassen könnten.
- Die Bilder folgen logisch aufeinander, wobei die Botschaft durchaus symbolhaft verschlüsselt sein kann, aber dennoch eindeutig ist.

- Der Träumer ist der Beobachter, dem etwas gezeigt wird.
- Angesichts dessen, was ihm gezeigt wird, fühlt er sich klein.
- Er agiert selbst überhaupt nicht, er empfängt nur.
- Bilder, Töne, Wesen, Stimmen wirken übernatürlich, übermenschlich, gigantisch, überzogen.
- Der Empfänger spürt gewaltige Ströme von Energie.
- Er sieht die Bilder aus der Ferne, von oben oder aus einer anderen distanzierten, klaren, übergeordneten Perspektive.

Ätherprojektion

Jetzt bin ich leicht, jetzt fliege ich,
jetzt sehe ich mich unter mir,
jetzt tanzt ein Gott durch mich.
Friedrich Nietzsche, deutscher Philosoph
(in: Also sprach Zarathustra)

Äther ist eines der fünf Elemente, und als solches steht es für eine höhere, geisterfüllte Stofflichkeit. Bei der Ätherprojektion bewegen wir uns wie ein Geist in unserer vertrauten Umwelt. Dabei fühlt sich unser Ätherleib fast genauso an wie unser physischer Körper. Unser Ätherleib ist unser Doppelgänger und zugleich Träger unserer Lebenskraft.
Bei einer Ätherprojektion kann es zu einer Verwechslung zwischen den beiden Körpern kommen. Vielleicht spüren wir Harndrang, stehen auf, gehen auf die Toilette – doch am nächsten Morgen wachen wir in einem feuchten Bett auf. Wir führen also Handlungen aus, ohne sie mit unserem physischen Körper nachzuvollziehen.
Bei einer Projektion verlässt nicht ein einzelner feinstofflicher Leib den physischen Körper, sondern mehrere – wie bei den Matruschkas, den russischen Puppen. Wenn wir die erste Puppe öffnen, so enthält sie alle anderen noch in sich.

Merkmale von Ätherprojektionen

- Wir befinden uns in einer vertrauten Umgebung.
- Das Licht hat eine leicht veränderte Qualität; es erscheint gedämpft oder als ob es Nebel oder einen Goldhauch über die Dinge legte.
- Wir können uns darin selbst beobachten.
- Wir halten uns in der Nähe unseres physischen Körpers auf.
- Wir können uns sowohl dessen bewusst sein, dass wir schlafen, als auch der Umgebung, in der wir uns befinden.
- Wir bleiben auf der irdischen Ebene.

- Eine kleine Berührung genügt, um die Projektion in die körperliche Hülle zurückzuziehen.
- Man ist nach Belieben imstande, kleinere Tricks auszuführen, wie durch Wände zu gehen oder ein Stück in die Höhe zu schweben.
- Von hellsichtigen Menschen kann in der Projektion das zweite Gesicht wahrgenommen werden.

Astralprojektion oder Exosomatose

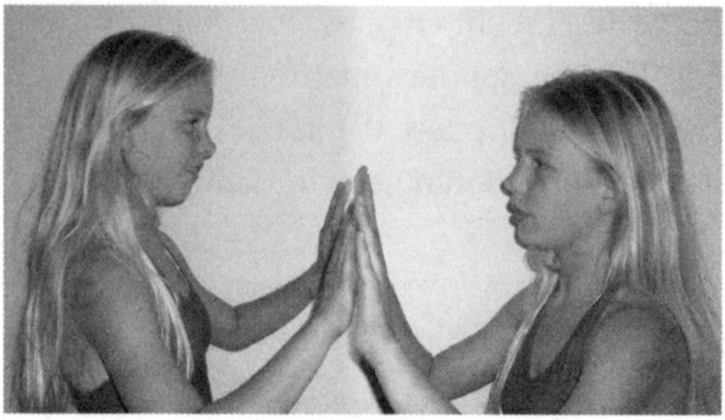

Befiehl deiner Seele, sich in Indien zu befinden,
den Ozean zu überqueren –
augenblicklich ist es geschehen.
Und wenn du das Himmelsgewölbe durchbrechen
und sehen möchtest, was dahinter ist –
wenn es irgend etwas außerhalb der Welt gibt,
so kannst du es.
Corpus Hermeticum
(Schriften, die angeblich von
Hermes Trismegistos verfasst wurden)

Die Astralprojektion oder Exosomatose (griech. »exosomatosis«; »exo« = »außerhalb« und »soma« = »Körper«) wird auch Astralwallen, Astralwanderung, Astralreise oder Mentalprojektion genannt – damit sind im Prinzip die verschiedenen Ebenen gemeint, in denen wir im geistigen Bereich umherreisen können (siehe Kapitel »Geistiges Reich«). Bei der Astralprojektion betreten wir eine völlig andersartige Welt. Wir können uns weit von unserem Körper wegbewegen und in den verschiedensten geistigen Ebenen in Lichtgeschwindigkeit umherreisen.
Astralprojektion ist die Bezeichnung für die Trennung des ätherischen Doppels vom physischen Körper. Mit ihm nur durch eine Silberschnur verbunden, verlassen wir mit unserem feinstofflichen Körper (auch Doppelkörper, Lichtkörper, Geistkörper, Astralkörper, diamantenes Fahrzeug … genannt) unseren physischen Körper und begeben uns auf Reisen. Astralreisen sind naturgegeben. Wir sind ca. zwei- bis dreimal die Woche unterwegs, können uns aber oft nicht daran erinnern, da wir dabei im Tiefschlaf sind. Die Körperfunktionen sind währenddessen auf ein Minimum heruntergefahren. Genau genommen gibt es also keinen Menschen, der noch nie fremde Dimensionen besucht hat, wobei sich die meisten beim Aufwachen nur noch flüchtig daran erinnern können – wenn überhaupt.
Die Astralwelt ist die erste höhere Ebene nach der physischen, die Ebene der Emotion. Wir gelangen im Schlaf in diese Ebene, aber auch nach dem Tod, sogar für längere Zeit. Allerdings kann die außerkörperliche Erfahrung durch bestimmte Übungen und Techniken gezielt herbeigeführt werden. Dazu gehört auch das absichtliche Verlassen des physischen Körpers, um ganz bewusst auf Reisen zu gehen. So können Menschen, die einen bestimmten Bewusstseinsgrad/Einweihungsgrad erlangt haben, sich auf eigenen Wunsch vom Körper lösen und voll

bewusst in anderen Dimensionen aufhalten, bis sie wieder zurückkehren. Anschließend können sie sich an alles erinnern, was sie außerhalb des Körpers erlebt haben. Die Verbindung zwischen Realität und Traum ist lebendig.
Das, was wir auf einer Astralreise erlebt haben, kann sich in der Realität bestätigen. Vielleicht haben wir gesehen, dass bestimmte Menschen verletzt wurden. Eventuell haben wir ihnen auf der geistigen Ebene beigestanden, damit sie den Verletzungen nicht erliegen. Am nächsten Tag rufen wir bei ihnen an und erfahren, dass das, was wir bewusst auf der geistigen Ebene miterlebt haben, tatsächlich auch so ist.
Durch die bewusste Astralreise kann man hilfreich eingreifen – man ist quasi als Engel unterwegs –, sich an anderen Orten bewusst manifestieren, Unterweisungen empfangen, aufgeladen und geheilt werden. Ebenso kann man aber auch mit dunklen Schatten und unangenehmen Situationen konfrontiert werden.
Astralprojektionen können mit unangenehmen körperlichen Begleiterscheinungen einhergehen. Dazu gehören Lähmungserscheinungen, Erstarrung, Zittern, Vibrieren, Druckgefühle. Sie können Angst und Panik auslösen, wenn wir eine solche Reise das erste Mal bewusst mitbekommen.

Merkmale der Astralprojektion

- Sie ist immer mit dem Gefühl verbunden, dass man fliegt, fällt, schwebt oder springt.
- Es gibt ein reißverschlussartiges unangenehmes lautes Geräusch, wenn sich der Astralleib vom physischen Körper löst, mit dem man über eine Silberschnur verbunden bleibt.
- Nach dem Loslösen vom Körper reist man durch einen Tunnel ins Licht.
- Einmal unterwegs, kann man sich von außerhalb seines Körpers selbst beobachten.
- Man kann augenblicklich mit Lichtgeschwindigkeit überall hinreisen.
- Man sieht klar und kann die Handlung selbst steuern, dabei bewegt man sich durch eine Abfolge von Ereignissen.
- Man kann auch in Zwischenbereiche schauen, in die sogenannte Anderswelt – z. B. ins Reich der Naturgeister, in außerirdische Bereiche, Höllen- und Himmelsregionen, Geisterwelten.
- Zeitreisen sind dabei möglich, da wir nicht an Zeit und Raum gebunden sind.
- Die Kommunikation ist in den meisten Fällen telepathisch.
- Manchmal kann man das Erlebte in der Realität überprüfen.

Astralkatalepsie

Lähmende Gefühle, der Schrei in der Stille – er wird nicht gehört, da du im Übergang bist. Im Getriebe der Zeit, zwischen der Zeitlosigkeit erschrickst du vor der Macht und Größe des Seins. Du kannst nicht raus, du kannst nicht rein, so entspanne dich in diesem Sein.

Sylvan Muldoon, ein amerikanischer Schriftsteller und Astralreisenforscher, hat 1930 den Begriff Astralkatalepsie geprägt. Andere Begriffe dafür sind Schlaflähmung und Schlafparalyse. Dabei begibt sich unser Geist auf Erholungsreise, das geschieht mehrmals in der Woche. Da dies im Tiefschlaf passiert, bekommen wir in der Regel nichts davon mit. Doch es gibt jene seltenen Momente, in denen der Verstand den Geist dabei erwischt, dass er den Körper gerade verlässt oder dorthin zurückkehrt. Das löst meist Panik aus, da wir das Verlassen des Astralkörpers instinktiv als Tod interpretieren.
Die Gesetzmäßigkeiten in der geistigen Welt sind anders als in der physischen, in der es Dichte, Schwerkraft etc. gibt. Deshalb kann der Wechsel der Dimensionen zuweilen Gefühle der Lähmung und Niedergeschlagenheit sowie akustische und optische Halluzinationen auslösen. Wenn wir in eine solche Situation geraten, dann hilft es, mit dem großen Zeh zu wackeln, um den Prozess des Aufwachens zu beschleunigen.

Merkmale einer Astralkatalepsie

- Wir empfinden eine vorübergehende Lähmung, sind bewegungsunfähig.
- Wir haben Krach, Lärm, Zischen, unangenehme laute Geräusche im Ohr.
- Wir empfinden eine überwältigende durchdringende Schwingung.
- Wir sind kurzatmig, spüren ein unangenehmes Gefühl von Schwere und Druck.
- Wir fühlen uns niedergedrückt.
- Unerklärliche Lichter tauchen auf.

- Wir haben das Gefühl, als ob jemand oder etwas auf dem Bett sitzt oder als ob sich die Bettdecke bewegt.
- Wir rufen oder wollen uns bemerkbar machen, werden aber nicht gehört.

Rituelle, zeremonielle und magische Träume

Dreimal erscheine ich dir im Traum,
führe dich in einen neuen Raum.
Hör mein Raunen, hör meine Weisung, sie wird dich führen aus der Entgleisung.
Achte auf die Zeichen, und drehe dich dreimal links im Kreise – arbeite mit der Heilenden Weise.
Ziehe in dich das heilende Licht, sodass heilen kann dein geistiges Gesicht.

Laurin, ein Führer der Naturgeister

Bei den Sumerern hatten manche Träume rituelle bzw. magische Bedeutung. Auch heute gibt es derartige Träume, und sie werden oft bei bestimmten »Einweihungszeremonien« geträumt. Der Träumer erfährt genau und in Einzelheiten, was er zu tun hat, um eingeweiht zu werden.
Schamanen, Heiler, Medizinmänner etc. können oft magisch-rituelle Träume aus der Anderswelt für andere Menschen,

für Gruppen und zu speziellen Anlässen herüberholen. Der Träumer träumt das Ritual oder die magische Handlung, die er zu einer bestimmten Angelegenheit ausführen soll. Magisch-rituelle Träume werden oft durch den Aufenthalt an bestimmten Kraftorten oder durch Pflanzenkräfte heraufbeschworen, können aber auch von sich aus eintreffen.
Bei diesen Träumen bewegen wir uns auf dem gefährlichen Grat zwischen Wahn, Verblendung und wirklich kraftvollen rituellen Durchgaben, die das Leben lichtvoll verändern. Jeder Gedanke, jedes Wort, jede Handlung ist Magie – denn das eine wie das andere kann alles bewirken. Deswegen ist es sinnvoll, das geträumte Ritual oder die übermittelte Zeremonie auf ihre möglichen Folgen hin zu prüfen. Löst sie Weite, Licht und Klarheit aus und dient sie dem Wohle alles Lebendigen, so kann man die Anweisungen ausführen.

Merkmale für magisch-rituelle Träume

- Diese Träume haben oft etwas Mystisch-Magisches, etwas Feierliches, Heiliges.
- Das Geschehen ist in ein besonderes Licht getaucht, durch das mehrere Ebenen sichtbar werden können.
- Heilige Symbole und Gegenstände tauchen auf: magische Symbole oder Wesen (Einhorn, Phönix, Elfen, Feen) oder Zahlen wie die Drei, die Sieben, die Neun ... Es hat etwas Unwirkliches, Märchenhaftes und doch etwas tief Glaubwürdiges und Ausführungswürdiges.
- Die Handlung ist klar, wenngleich oft symbolisch, und manchmal auf mehreren Ebenen sichtbar. Zudem ist sie oft doppelt belichtet und mehrschichtig.

- Man sieht feinstoffliche Reaktionen auf materielle Handlungen – z. B. erhebt sich ein Kelch in die Luft, Blitze zucken …
- Die übermittelten Rituale sollte man nach dem Erwachen auf der realen Ebene nachvollziehen, soweit sie der Einweihung dienen, Hilfe, Heilung und Kraft bringen und andere nicht gefährden.
- Die Anweisungen sind oft symbolischer Art. Vielleicht sollen wir einen Stein an einem bestimmten Fluss finden, ihn besprechen, mit einer bestimmten Tinktur salben und ihn an einem bestimmten Ort in die Erde legen, damit sich alte Geschichten aus dem Energiefeld lösen und verabschieden können; oder dreimal an einer bestimmten Quelle ein Bad nehmen und eine kleine Opfergabe in Form von Räucherwerk darbringen …
- Wir erhalten im Nachhinein oft deutliche Zeichen in der Realität.

Tempelschlaf

Im goldenen Tempel zwischen Raum und Zeit liegt ein Schrein der Götter. Hier können wir das Mysterium schauen, auf einem Seelenflug durch die verborgenen Bereiche des Lebens schweifen, die Zimmer der Seele durchwandern. Erkenntnis schafft Bewusstsein, Wissen schafft Heilung.
(Quelle unbekannt)

Durch den Tempelschlaf verbinden wir uns mit unserem unvergänglichen Seelenlicht und können das Drama, den Mythos unserer Seele erfassen. Wir können unseren Lebensplan schauen, außerdem Geburt und Tod, und begreifen die Relativität unseres jetzigen irdischen Daseins, das eingebettet ist in größere Zusammenhänge.

Der Tempelschlaf bedarf einer längeren Vorbereitung und Schulung. Der Mysterienschüler wird eingeweiht in das »Hohe Wissen«. Dadurch wird er vom Suchenden zum Wissenden, von jemandem, der von Kräften gelenkt wird, zu jemandem, der seine Kräfte beherrschen und lenken kann.

Der Tempelschlaf war in vielen alten Kulturen die höchste und letzte Einweihung vor dem endgültigen Erwachen. Bestimmte Merkmale waren dabei überall gleich: Der Schüler, der alle vorangegangenen Prüfungen bestanden hatte, wurde in einer Höhle oder Einweihungsstätte in den Sarkophag gelegt (Pyramiden), dieser wurde verschlossen. Die Seele verließ den Körper, wobei der Stoffwechsel auf Minimalfunktion heruntergeschraubt wurde, und auf ihrer Reise erfuhr sie das letzte Mysterium, bevor sie nach der vorgegebenen Zeit von einem Eingeweihten wieder zurück in den Körper geholt wurde.

Im antiken Griechenland wurden Eingeweihte in Tempeln, die dem Apollon geweiht waren, auf die Kunst des Träumens mit besonderen Kräutern vorbereitet. Träume aus dem Tempelschlaf wurden dazu genutzt, Weissagungen zu machen und Krankheiten zu heilen. Der Kranke brachte ein Geschenk, eine Opfergabe mit, unterzog sich vorgeschriebenen Ritualen und Waschungen, wand sich Bänder mit verschiedenen Heilkräutern um und konnte sich dann im Tempel gesund schlafen. Der Heilungsuchende wurde durch einen Eingeweihten begleitet, und die Heilung vollzog sich im Traum. Oft erschien darin

Asklepios, der Heilergott in Schlangengestalt, an einer sprudelnden Quelle, seine Tochter Hygieia begleitete ihn. Ab und zu war auch Telesphoros dabei – eine zwergenhafte Gestalt im Kapuzenmantel –, welcher die Heilung vollbrachte.

Merkmale vom Tempelschlaf

- Der Tempelschlaf ist ein bewusster Schlaf mit einer bestimmten Ausrichtung.
- Der Mensch wird rituell vorbereitet oder bereitet sich selbst vor (durch Fasten, Übungen, Waschungen ...).
- Er wird von einem Eingeweihten begleitet.
- Im Traum können magische Gegenstände und Pflanzen zum Einsatz kommen.
- Er kann begleitet sein von Gesang, Mantras, rhythmisch-gleichmäßigen Tönen.
- Die vorherrschende Atmosphäre ist heilig, feierlich.
- Im Vorfeld werden bestimmte geistige Hilfskräfte angerufen und Opfergaben für diese bereitgestellt.
- Er versetzt den zu Heilenden/den Heiler in andere Bewusstseinszustände, die diesen oft tief entspannt und zugleich wach sein lassen.
- Er hat etwas Mythologisch-Archetypisches und offenbart das Seelenthema.
- Der Suchende kann sich an alles im Traum Erlebte deutlich erinnern, und dies wird ihm auf seinem geistigen Weg hilfreich sein.
- Der Tempelschlaf erweitert das Bewusstsein – wir erfahren darin eine neue Dimension des Seins und begreifen den Sinn unseres Lebens besser.

Jenseitsträume

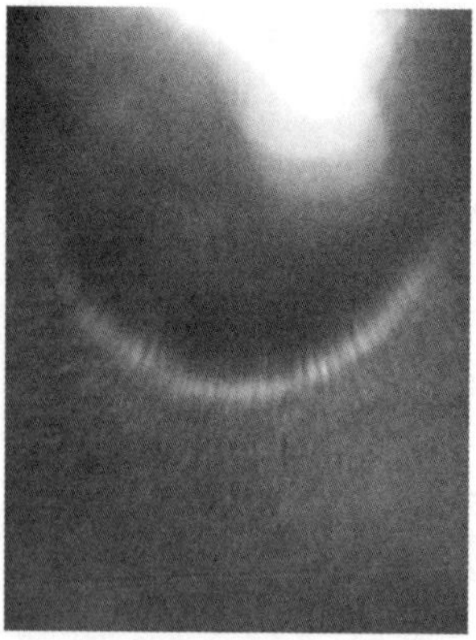

Du bist gegangen. Mein Herz ist mit dir. Sende mir ein Zeichen, dass du gut angekommen bist.
Sei gesegnet.
(Quelle unbekannt)

Jenseitsträume erkennen wir daran, dass wir darin Menschen begegnen, die bereits verstorben sind. Wir können sie verjüngt in einer strahlenden, irisierenden Landschaft treffen oder in den jetzt leer stehenden Zimmern vergangener Tage.

Verstorbene können uns Botschaften senden. Sie können uns warnen, beraten, beschützen; sie helfen uns auch beim Hinübergehen. Wenn jemand verstorben ist, erscheint er den Hinterbliebenen nach einer gewissen Zeit manchmal im Traum. Nach einiger Zeit der Regeneration nimmt er wieder Kontakt mit geliebten Menschen auf, um ihnen zu zeigen, dass er von der anderen Seite des Ufers über sie wacht. Für unsere vorchristlichen Vorfahren war es übrigens normal, mit den Ahnen in Kontakt zu bleiben.

Wenn Verstorbene sich zeigen, so kann dies mehrere Bedeutungen haben. Manche können nicht von ihrer irdischen Existenz lassen, da sie sich zu sehr an Dinge gebunden haben. Andere geben damit zu verstehen, dass es ihnen gutgeht und dass kein Grund zur Traurigkeit besteht. Ihr Erscheinen kann auch Krankheit oder einen baldigen Tod anzeigen und uns vor etwas warnen. Sie können auch auf Themen der Ahnen, des Blutes, aufmerksam machen und dadurch helfen, Altes zu erlösen. Sie können aber auch von der anderen Seite über uns wachen.

Eine Träumerin erzählt Edgar Cayce: »Meine tote Mutter erschien mir. Sie sagte: Ich bin am Leben.« Der schlafende Cayce warf ein: »Sie ist am Leben.« Dieser Einwurf erschütterte die Träumerin mehr als der Traum. »Meine Mutter sagte mir, ... meine Schwester solle zum Arzt gehen.« Was sich als hilfreicher Hinweis herausstellte.

Jess Stearn, amerikanischer Schriftsteller
(in: Edgar Cayce – der schlafende Prophet)

Merkmale von Jenseitsträumen

- Verstorbene, die wir wiedererkennen, stehen vor uns, manchmal unerlöst grau, nebulös und schattenhaft – oder verjüngt, leuchtend, strahlend.
- Sie bringen Botschaften, Symbole, Kräfte, die uns warnen, heilen, helfen oder führen.
- Zwischen uns und den Verstorbenen gibt es eine natürliche Barriere, die wir nicht durchbrechen wollen oder können, da dieser jenseitige Bereich uns noch nicht bestimmt ist. Diese unsichtbare Barriere können wir auch im Traum deutlich wahrnehmen. (Oft ist es ein Zeichen dafür, dass unser Tod kurz bevorsteht, wenn wir im Traum ganz engen Kontakt mit Verstorbenen haben – wir feiern und tanzen mit ihnen oder heiraten sie sogar.)

Karmische Träume

Wir können unserem Schicksal nicht entfliehen. Jede unserer Handlungen wird Früchte tragen, Folgen haben. Der Traum erinnert uns an unsere selbstgesponnenen Fesseln, die sich aus ferner Zeit wie vergessene Erinnerungen hervorschlängeln können.

Karma ist das Gesetz von Ursache und Wirkung. Oft sind wir an bestimmte Ereignisse, Menschen, Orte gebunden, da wir mit ihnen verstrickt sind. Die gebundenen Seelenteile warten auf ihre Erlösung und versuchen, mit den gespeicherten Erinnerungen fertig zu werden. In unserer Seele sind alle Erfahrungen und Erinnerungen eines jeden Momentes aus diesen und früheren Lebensspannen gespeichert. Die meisten von uns haben schon viele, viele Leben auf der Erde verbracht und eine entsprechende Menge Erfahrung gesammelt. Wir sind schon oft durch Qualen, Schmerz, Krankheit, Tod, Freude, Liebe, Schönheit … gegangen. Karmische Träume können durch bestimmte Geschehnisse oder Zeitpunkte ausgelöst werden. Wir treffen z. B. einen Menschen (wieder), und ein bestimmtes Programm mit unerlösten Mustern beginnt abzulaufen. Karma kann sich in allen Traumarten zeigen – als Albtraum, als Wunschtraum, als Klartraum …

Merkmale von karmischen Träumen

- Sie sind wiederkehrend und laufen meist in gleicher oder ähnlicher Abfolge ab.
- Violett in allen Schattierungen, Gelb, Gold, Dunkelrot sind oft die vorherrschenden Farben.
- Es scheint, als ob diese Träume uns verfolgen und wir vor ihnen fliehen.
- Sie zeigen bestimmte Ereignisse und Erfahrungen, die unmöglich aus diesem Leben stammen können (Kriegsszenen; Landschaften, in denen wir in diesem Leben noch nicht waren; Gewänder aus anderen Epochen; Positionen, die wir gar nicht innehaben können …).
- Sie sind lebendig und sitzen als Erfahrung an bestimmten Stellen in unserem Energiekörper, z. B. im Magen-Darm-Bereich. Im Verdauungstrakt sind oft alte Sequenzen gespeichert und Dinge, die wir im wahrsten Sinne des Wortes noch nicht verdaut haben.
- Sie lösen körperliche Reaktionen aus, wie Schmerzen, Brennen, Hochgefühle, und rufen an bestimmten Stellen Symptome hervor, obwohl ein Arzt vielleicht nichts finden kann.
- Sie sind oft mit einem Lebensgefühl verbunden, das wir aus früheren Leben mitgebracht haben. Es kann immer wieder von Menschen, die wir treffen, ausgelöst werden und mit Gedanken und Gefühlen, die wir schon oft gehegt haben, geladen sein – wie: »Es wird mir nichts geschenkt« … »Warum sieht mich keiner?«

Schamanische Träume

Jede Kraft in unserer Kultur ist von der Traumkraft abgeleitet. Träumen ist die tiefste natürliche und gesündeste Trance, die der Körper selbst induziert. Aufgrund dieser Tiefe und ihrer visionären Fähigkeit und auch aufgrund der Tatsache, dass der Energiekörper sich voll auf die Reise begeben kann, ist Träumen der am höchsten zu bewertende Trancezustand. Man kann in den heiligen Bereich von Raum und Zeit eintreten, Pforten durchschreiten, handeln und Kräfte mit zurückbringen. Der Schlüssel dazu ist Klarheit.

Don Juan, brasilianischer Schamane
(nach Carlos Castaneda)

Beim schamanischen Träumen steigen wir über den Traum in die geistige Energie ein, die alles mit allem verbindet, die eins ist. Es gibt unendlich viele Eintrittspunkte ins Aufwachen und Träumen. Es gibt viele Schwellen, an denen die eine in die andere Welt übergeht. Einfache Handlungen wie Atmen, Spazierengehen, Gartenarbeit oder Essen, aber auch Anrufungen, Mantrasingen oder spirituelle Übungen können den Übergang herbeiführen. Mit der geistigen Energie steht uns noch eine andere Wissensquelle zur Verfügung, die wir anzapfen können. Über sie erhalten wir Informationen über Kraft und Wirkung von Pflanzen, Plätzen, Menschen …

Im schamanischen Traum verbinden wir uns mit der Urquelle und steigen in die träumende Natur der Dinge ein. Diese Technik erfordert persönliche Energie, Liebe und die Verbundenheit mit allem, was ist. Das heißt, wir müssen gelernt haben, uns mit dem universellen Energiefeld zu vereinigen, unsere sexuelle Energie zu lenken und Heilenergie, sprich einen Überschuss an Energie, der unser persönliches Pensum übersteigt, aufzubauen. Dies kann jederzeit, an jedem Ort willentlich und bewusst über bestimmte schamanische Techniken geschehen.

Früher haben die Heilkundigen mit den Pflanzen-, Baum-, Tier-, Wetter- oder Elementargeistern kommuniziert, verhandelt und von ihnen Informationen erhalten. Beim schamanischen Träumen verbinden wir Realität und Traum. Sie sind eins – wir wechseln lediglich die Zustände und Ebenen, schaffen Verknüpfungen, holen Träume in die Realität, lassen Träume wahr werden und bringen zugleich Kraft und Energie zurück in die Träume.

Damit Träume wirklich ihre Kraft entfalten,
müssen sie in die Alltagswelt gebracht werden,
sodass alle sie erfassen können.
Wir können unsere Träume manifestieren.
(Quelle unbekannt)

Merkmale vom schamanischen Träumen

- Ein Mensch, der ganz in seiner Kraft und darüber hinaus in der Lage ist, Energie aufzubauen, kann an jedem Ort und zu jeder Zeit über den Traum in die feinstoffliche Energie einsteigen. Es gibt unendlich viele Einstiegspunkte, wobei der häufigste die Augen sind.
- Im schamanischen Träumen schlägt man die Brücke von der Traumebene in die Alltagswelt und umgekehrt.
- Realität und Traum sind eins; zusammen weben sie die Wirklichkeit.
- Es findet eine Verbindung auf übergeordneter Ebene statt. Ich bin du, und du bist ich, wir sind nicht getrennt voneinander, und gemeinsam träumen wir den Traum der Heilung. Dadurch kann Genesung geschehen.
- Man kann seine Aufmerksamkeit bewusst und willentlich zu einer anderen Aufmerksamkeit verschieben.
- Informationen werden in die Realität gebracht, Kraft in die feinstoffliche Ebene zurückgegeben.
- Wir sind nicht getrennt von anderen Welten, alles ist eins. Handeln und Nichthandeln – die Polaritäten heben sich auf. Die Körper und die verschiedenen Ebenen werden in Einklang gebracht.
- Es findet eine Verknüpfung statt, die das allmähliche Erwachen in die wahre Natur erlaubt.

Verschmelzung in der Einheit: Lass den Traum Realität werden und die Realität ein Traum sein.
(Quelle unbekannt)

Zweite Aufmerksamkeit

Das Träumen ist für den Krieger wirklich, denn er kann darin gezielt handeln, er kann das eine wählen und das andere verwerfen, er kann aus einer Vielzahl von Dingen diejenigen auswählen, die zu Kraft führen, und er kann sie gezielt lenken, während er in einem normalen Traum nicht gezielt handeln kann.
Don Juan, brasilianischer Schamane
(nach Carlos Castaneda)

Nicht nur für einen geistigen Krieger, einen Schamanen, ist das Träumen ein aktives Medium des Seins – auch für Yogis, Heiler, Hohepriester, Eingeweihte … – eben alle, die versuchen, sich der Wirklichkeit zu nähern. Der Begriff »Zweite Aufmerksamkeit« wurde in diesem Rahmen von Don Juan, dem Lehrer von Carlos Castaneda, geprägt. Damit wird die hohe Kunst des Träumens bezeichnet.
Die »Zweite Aufmerksamkeit« ist das bewusste Träumen, und zwar sowohl im Wachzustand als auch im Schlaf. Das Träumen ist dabei eine zielgerichtete aktive Handlung zur Steuerung und Kontrolle der »Zweiten Aufmerksamkeit«. Wir verschieben un-

sere Aufmerksamkeit bewusst in die geistige Realität. Der Vorgang des aktiven Träumens ist Realität. Er hat den gleichen Stellenwert wie unsere Erlebnisse im Tagesbewusstsein und unterscheidet sich von der Wirklichkeit nur dadurch, dass er nicht auf die manipulierten Ausschnitte der Welt fixiert ist. Er führt in die Unendlichkeit, die energetisch-materielle Realität. Bis man die Kunst des schamanischen Träumens richtig beherrscht, kann es Jahrzehnte dauern. Dazu gehören Selbstdisziplin, Selbstkontrolle, Selbstbewusstsein usw. Wir müssen also persönliche Kraft aufbauen und über sie verfügen können, um diese Art des Träumens erfahren zu können.
Ein Mensch, der diese »Zweite Aufmerksamkeit« beherrscht, kann anderen in Träumen nachreisen, sie über den Traum steuern, über den Traum heilen und die Wirklichkeit dessen erfassen, was ist. Wir lernen, die Einheit hinter allem zu verstehen.

Du musst dich zwingen, deine Grenzen zu überschreiten – immer! Es gibt viele Dinge, die du heute tust und die dir vor zehn Jahren verrückt erschienen wären. Die Dinge selbst haben sich nicht verändert, aber deine Vorstellung von dir selbst hat sich geändert; was vorher unmöglich war, ist jetzt ohne Weiteres möglich, und vielleicht ist es nur eine Frage der Zeit, wann es dir gelingt, dich vollkommen zu ändern.

Don Juan, brasilianischer Schamane
(nach Carlos Castaneda)

Merkmale der Zweiten Aufmerksamkeit

- Der Träumende hat persönliche Kraft aufgebaut und die Fähigkeit entwickelt, astral zu reisen.
- Er hat gelernt, den »inneren Dialog« anzuhalten.
- Er kann sein Bewusstsein aufrechterhalten und es mit in den Schlaf hinübernehmen.
- Die Aufmerksamkeit wird von dem, was man zu sehen glaubt, verschoben zu dem, was man wirklich sieht.
- Der Träumer handelt bewusst, wobei er seine Energie steuern und kontrollieren kann.
- Er ist hellwach und bei vollem Bewusstsein.
- Vorgänge während des aktiven Träumens sind keine Visionen oder Imaginationen – sie sind Realität.
- Im Gegensatz zum Tagesbewusstsein führt das Traumbewusstsein in die Unendlichkeit der energetisch-materiellen Realität.

Träumen ist die Pforte zur Unendlichkeit.
Don Juan, brasilianischer Schamane
(nach Carlos Castaneda)

Wir sehen: All diese Arten des Träumens sind fließend. Wir wechseln oft von dem einen in den anderen Zustand, bis wir nach und nach lernen, Kontrolle über unsere Träume zu erlangen. Letztlich unterscheiden sich in den verschiedenen Kulturen die Wege des Träumens und der Einweihung in das Träumen gar nicht so sehr voneinander. Es werden lediglich andere Begriffe, Ausdrucksformen und andere Zielsetzungen gewählt.

Es ist ein Unterschied, ob ich mit der Absicht träume, zu heilen, zu helfen, persönliche Kraft aufzubauen, neue Dimensionen zu erforschen oder Erleuchtung zu erlangen. Meine Absicht wird mich in sehr unterschiedliche Bereiche der geistigen Dimensionen bringen. Das Träumen und der Weg des Träumens sind jedoch eins.

Wenn ich allein träume,
ist es nur ein Traum.
Wenn wir gemeinsam träumen,
ist es der Anfang der Wirklichkeit.
(aus Brasilien)

Verschiedene Traumwelten

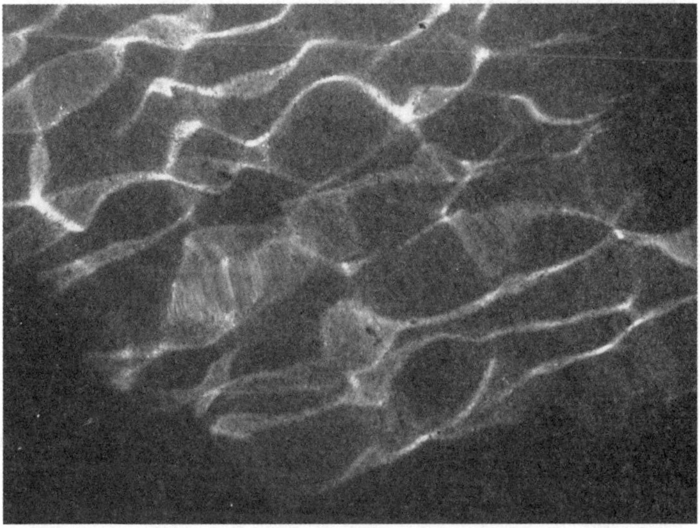

Wir befinden uns hier in einer gröberen Welt und gehen des Nachts in eine feinere Welt. Der Tag ist illusorisch wahrhaftig, und die Nacht ist wahrhaftig illusorisch. So können wir im Traum fliegen, in der Realität nicht.
(Quelle unbekannt)

Nachdem wir die verschiedenen Traumarten untersucht haben, wollen wir nun weitere Unterteilungen machen, um uns langsam den vielen verschiedenen Facetten des Träumens zu öffnen. Es gibt verschiedene Vorstellungen von den geistigen Welten. Als Grundkonzept für deren Aufbau gilt die Kabbala, die mystische Geheimlehre aus dem jüdisch-arabischen Kulturkreis, außerdem alte mythologische, schamanische Vorstellungen. In den folgenden Abschnitten werden wir diese hinsichtlich ihrer Ebenen untersuchen und das Traumgeschehen darein einordnen.

Unsere verschiedenen Körper sind alle miteinander verbunden, beeinflussen sich gegenseitig und fließen ineinander. Verschiedene Schichten und Energien umhüllen und durchdringen uns:

- der physische Körper (fester Körper – Materie)
- der Vitalkörper (Energie, Vitalität, Kraft – Feuer)
- der Emotionalkörper (Gefühle, E-Motion = Energie in Bewegung – Wasser)
- der Mentalkörper (Verstand, Geist, Gedanken – Luft)
- der Ätherleib (Seelenkörper [Matrix]), der aus drei Ebenen besteht:
    - dem Unterbewusstsein (alles, was wir mitgebracht haben – auch gute Kräfte; alles, was wir verdrängt haben; alles, was wir vererbt bekommen haben)
    - dem Bewusstsein (innere Welt und äußere Welt; Eindrücke – jene, die wir sammeln, und jene, die wir hinterlassen)
    - dem Überbewusstsein bzw. höheren Selbst (alles, was wir an guten Kräften und Möglichkeiten zur Verfügung haben, unser Seelenplan)

So gibt es auch Träume, welche die physischen Probleme des Körpers ansprechen, und zwar als Reaktion auf zu wenig körperliche Betätigung, ungesunde Ernährung, Gifte, eine unregelmäßige Lebensweise … Dazu gehören Träume, welche die Selbstbeobachtung, die psychische und emotionale Wahrnehmung und schließlich die geistige Führung betreffen.

Da wir im Traum nach Gleichgewicht, Ausgleich und seelischen Lösungen suchen und unsere Energie sich durch die feinstofflichen Bahnen bewegt, können wir auf ganz verschiedenen Ebenen unterwegs sein. Mit diesem Kapitel möchte ich meine Leser einfach für die verschiedensten Ebenen sensibilisieren.

Im Hause meines Vaters gibt es viele Wohnungen.
Johannesevangelium 14,2

Es folgt nun eine – sehr vereinfachte – Darstellung der geistigen Welten.

Die sechs Daseinsbereiche im buddhistischen Weltbild

In Tibet hegt man die Vorstellung von den sechs Daseinsbereichen (Loka), die sich gegenseitig durchdringen. Sie sind auf positive oder negative Weise von feinstofflicher Energie durchwebt. Der Mensch, der Merkmale aus allen Bereichen trägt, hat zu jedem Verbindung und kann sich im Traum darin bewegen. Entsprechend der Ausrichtung seiner Seele und dem Aufbau von persönlicher Energie ist er in der Lage, die feinstoffliche Energie immer besser zu beherrschen. Ziel ist es, das reine Licht des Gewahrseins zu entwickeln.

Die sechs Lokas

- die Welt der Götter (Devas) – Scheitelchakra
  - höhere Verbindung: Übermittlungen von geistigen Lehren und Unterweisungen
  - niedrige Verbindung: lustvolle Zerstreuung
- die Welt der Halbgötter (Asuras) – Kehlchakra
  - höhere Verbindung: Empfangen von Wahrheit und telepathischen Botschaften
  - niedrige Verbindung: Neid
- die Welt der Menschen – Herzchakra
  - höhere Verbindung: Mitgefühl, Hilfsbereitschaft, Liebe
  - niedrige Verbindung: Eifersucht
- die Welt der Tiere – Nabelchakra
  - höhere Verbindung: Kraft, Macht, Ausstrahlung, Fähigkeiten
  - niedrige Verbindung: Unwissenheit

- die Welt der hungrigen Geister (Pretas) – Sakralchakra
  - höhere Verbindung: Schöpfung, Beziehung, Austausch
  - niedrige Verbindung: Gier
- die Welt der Höllenbewohner – Muladharachakra
  - höhere Verbindung, Lebensenergie, Erdung, Versorgung
  - niedrige Verbindung: Faulheit, Trägheit, Wut, Hass, Zerstörung

Die Kabbala

In der Kabbala gibt es neben den sieben Sphären vier Welten. Diese sind verschiedenen Elementen und Ebenen zugeordnet.

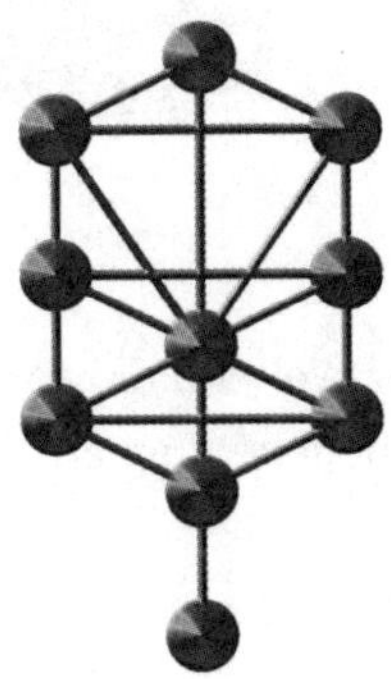

Die vier Welten:

1. Azilut – Die vollkommene und reine Welt
   Kausalwelt – Welt der Ursache
   Element: Feuer
   Geistiges Licht, Flamme, Licht, Stern, Unsterblichkeit, Auflösung von allem
2. Beriah – Die Welt der Schöpfung Gottes
   Mentalwelt – Gedankenwelt; Element: Luft
3. Jezirah – Die Welt der Formung
   Astral- oder Zwischenwelt; Element: Wasser.
   Gemächer der Seele
4. Assia – Die physische oder materielle Welt
   Manifestierte Energie; Element: Erde

Der schamanische Weltenbaum

Ich bin die Auferstehung
und das Leben.
Johannesevangelium 11,25

Der Weltenbaum ist ein Sinnbild für den Menschen. Er hat verschiedene Ebenen, in denen sich die Energie bewegt.

Die vier Ebenen der Energie:

1. *Universelle Energie:* allumfassende Energie
   Sie umgibt den Baum.
2. *Krone:* Obere Welt
   Welt der Götter, Meister, Meisterinnen, Engel, Naturgottheiten
3. *Stamm:* Mittlere Welt
   Parallelwelt zu unserer. Sie setzt sich aus äußeren und inneren Erfahrungen zusammen. Der äußere Bereich wird oft als Gebirge dargestellt und der innere als Wald. Diese Welt ist das Spiegelbild der erlebten Wirklichkeit.

4. *Wurzeln:* Untere Welt
   Kraft und Gewinnung der Kraft, Krafttiere, Trieb und Instinkt, Reich der Wandlung und der Schatten, Ahnenreich, Wurzeln, Widerspiegelungen

Im Traum spiegeln sich die verschiedenen Ebenen unseres Bewusstseins. Auch in der modernen Psychologie finden wir die Aufteilung des Bewusstseins in vier Bereiche: Verbundenheit mit allem, höheres Bewusstsein, (Wach)Bewusstsein, Unterbewusstsein

Die verschiedenen Sphären

Träume sind persönliche Mythen,
Mythen sind kollektive Träume.
Joseph Campbell, amerikanischer Mythologe

Es gibt verschiedene Ebenen in den geistigen Welten, in denen wir uns im Traum bewegen. Sie fließen ineinander, haben höhere Schwingungsformen und niedrigere. Die Ebene, auf der wir uns bewegen, spiegelt unsere geistige Energie wider.

Spiritualsphäre

• • • • •

Vollkommene und reine Welt (kosmische universelle Kraft, höheres Bewusstsein, reines Gewahrsein)

- Höhere Spiritualsphäre
- Niedere Spiritualsphäre

Die Spiritualsphäre ist gleichzusetzen mit Azilut in der Kabbalah und der Krone im schamanischen Weltenbaum. Wenn wir auf diese Ebene kommen wollen, ist es wichtig, dass wir persönliche Energie aufbauen und halten können. Dies erreichen wir durch spirituelle Praktiken wie Yoga, Tai Chi, Energieübungen, Meditation, Atemtechniken … Wenn wir uns der höheren Natur in uns öffnen und beginnen, in ihr zu erwachen, dann können wir im Traum auf dieser Ebene wandeln.

Traumkategorien:
Prophetische Träume, Wahrträume, Heilträume, Klarträume, Tempelschlaf, Astralreisen

Träume der höheren Spiritualsphäre haben oft irisierende Farben und sind von hell strahlendem Licht durchwirkt. Sie zeigen sich in bildhaften Gleichnissen: Wir fliegen hoch über den Dingen, etwas scheint auf uns herab, Lichter blitzen auf oder leuchten uns den Weg, klare überirdische Farben funkeln in der Luft, der Boden scheint unsichtbar, übernatürlich strahlend, klar. Wir träumen von unseren Meistern, welche uns als strahlende Lichterscheinungen begegnen oder sich als solche in dem Raum manifestieren, in dem wir uns befinden. Wir erhalten geistige Botschaften, erfahren Heilung, höhere Wahrheiten und Weisheiten. Wir begegnen Engeln, Lichtwesen, Meistern, lebendigen Farbphänomenen, Gottheiten, Heilern …, helfen anderen, öffnen Tore, sind unterwegs im Dienste Gottes …, erhalten Segen, Beistand, Anweisungen … Wir sind im Einklang mit dem göttlichen Plan. Die telepathisch übermittelten Unterweisungen sind verständlich; und selbst wenn uns vielleicht unschöne Dinge gezeigt werden, so lösen sie keinerlei Emotionen aus. Die Träume sind klar, strahlend und einleuchtend, denn sie folgen kosmischen Gesetzmäßigkeiten.

Auch Träume der niederen Spiritualsphäre sind klar und hell, jedoch durchdrungen von jenen unserer unterschwelligen Begierden, Wünsche, Ängste, die wir noch nicht gemeistert haben. Sie spiegeln sich darin auf sehr subtile Weise wider, färben Fakten ein, manipulieren Ergebnisse … Deswegen ist es oft nicht so leicht, zwischen einem Wahrtraum und den eigenen Befürchtungen zu unterscheiden. Ein solcher Traum zeigt allerdings: Wir sind auf dem Weg in die höheren Ebenen. In diese Kategorie können z. B. auch Wunschträume fallen.

Mentalsphäre

Geist, Gedankenkraft, abstrakte Form des Denkens

- Höhere Mentalsphäre
- Niedere Mentalsphäre

Dies ist die Welt des Lernens und Verstehens, der Symbole und Metaphern. Träume dieser Sphären weisen luftige, abstrakte Elemente und kühle Farben auf, außerdem sind sie oft reich an Symbolen. Wir begegnen darin Formen und Dingen, die es in der Realität so nicht gibt: Dinge fliegen durch den Raum, man geht auf dem Kopf oder saust durch abstrakte Landschaften, sucht vergeblich nach der richtigen Tür, versucht eine Telefonnummer zu wählen und verwählt sich ständig … In diesen Träumen sieht man aber auch Städte, Häuser und anderes vom Menschen Geschaffenes.

Traumkategorien:

- Höhere Sphäre: Symbolträume, Prüfungsträume, Übergangsträume
- Niedere Sphäre: prophetische Träume, Lernträume, Tagträume, Warnträume

Träume der Mentalsphäre haben oft etwas Absurdes und Unwirkliches. Auf der niederen Mentalsphäre drücken sie sich in Zahlen und Fakten, Worten, auch Fremdsprachen aus. Aus dem Formlosen können sich abstrakte Gegenstände und Formen bilden, die eckig, kantig, roboterhaft und manchmal aus Metall sind. Sie wirken häufig, als wären sie mit einem Computerprogramm entworfen. Lebendige Formen sind eher selten, und wenn sie erscheinen, dann sind sie mit mechanischen oder metallischen Formen durchsetzt. Weiterhin begegnet man Wesen, die es in der Realität nicht gibt. Man träumt oft in Metaphern, bleibt dabei emotionslos und kühl. Die geträumten Farben sind eher grau, gedämpft.

Wenn wir viele dieser Mentalträume haben, bedeutet das, dass wir zu sehr im Geist sind, zu häufig die Ebenen des Verstandes aufsuchen. Wir flüchten in höhere Sphären, damit wir Dinge, die unser Herz bewegen, nicht anschauen müssen. Doch dann erreichen uns unsere Themen in Form von Symbolen.

In Träumen der höheren Mentalsphären finden oft Unterweisungen und Unterricht statt. Wir empfangen Botschaften und können die abstrakt übermittelten Inhalte klar erfassen und umsetzen. Sie werden zu einer seelischen Erfahrung.

Astralsphäre

(Emotion, Imagination) Abdruck in der geistigen Welt

- Höhere Astralsphäre
- Niedere Astralsphäre

Die Astral- oder Zwischenwelt gehört zum Element Wasser. In der Kabbalah ist die Astralsphäre Jezirah, der Welt der Formung, zugeordnet; im schamanischen Weltbild befinden wir uns dort an den Wurzeln und spiegeln uns in den unterirdischen Quellen und Gewässern.
Auf dieser Ebene manifestiert sich die Energie und findet die verschiedensten Ausdrucksformen. Diese Welt spiegelt die unsrige wider, ist jedoch durch unsere Energie gefärbt. In ihr sind wir am häufigsten unterwegs, wenn wir träumen. Dort befinden sich die unterschiedlichsten Gemächer der Seele, außerdem unsere Schatten, unser wahres Potenzial, unsere geistigen Schätze und Talente, verdrängte Erfahrungen, Ahnenthemen, gesammelte Eindrücke, Dinge, die wir gesagt oder getan haben und die nicht ohne Folgen geblieben sind, usw.

Traumkategorien:

- Höhere Sphäre: Klarträume; Träume, in denen wir uns bewusst sind, dass wir träumen, und handlungsfähig sind.
- Niedere Sphäre: Wunschträume, kathartische Träume, Albträume, karmische Träume, Triebträume (z. B. sexuelle Träume)

Träume der niederen Astralsphäre sind geprägt von emotionalen Elementen. Die Gefühle sind bestimmend und werden in Stimmungen, Farben und Bildern wiedergegeben, welche eine Situation völlig überspitzt nachzeichnen – und zwar sowohl angenehm (kitschig, sentimental, romantisch, glückselig …) als auch unangenehm (düster, angstvoll, ausweglos, dunkel, sumpfig …).

In dieser Sphäre können wir Geister, Verstorbene, Spukgestalten, Krafttiere, Naturgeister und Personen treffen, welche uns emotional stark berühren – egal ob positiv oder negativ. Wir erleben dort oft Situationen, die offenlegen, was wir in unserer Seele noch nicht verarbeitet haben. So besuchen wir Räume der Vergangenheit, in denen wir Erinnerungen begegnen, die wir noch nicht wirklich verarbeitet haben. Der Verlust von Seelenanteilen, Schattengestalten, aber auch emotional geprägte Wünsche, Begierden, Visionen unserer Kraft und unserer Fähigkeiten sowie unsere inneren Schätze können sich dort zeigen.
Die Bilder sind fließend, können schnell wechseln und erzeugen Emotionen aller Art. Die Energien sind in Bewegung, vermischen sich, fließen ineinander, wechseln schnell. Die Landschaften sind organisch und mit natürlichen Merkmalen ausgestattet, sie wirken wirklich und zugleich unwirklich. Vielleicht befinden wir uns in unserem Zimmer, und doch ist einiges anders, als wir es im Wachbewusstsein wahrnehmen. So finden sich dort Menschen ein, die es noch niemals betreten haben, oder Möbel der Großeltern stehen darin, obwohl sie in der alltäglichen Wirklichkeit gar nicht dort sind, usw. Bei diesen Träumen arbeiten wir das Tagesgeschehen auf, entgiften, versuchen, unsere Energie wieder ins Gleichgewicht zu bringen.
In Träumen der höheren Astralsphäre meistern wir unsere Emotionen. Wir stellen uns unseren Ängsten, unseren Schatten und überwinden sie. Wir setzen das Höhere gegen das Niedrige ein und lösen alte Blockaden auf. Wir verzeihen, vergeben, heilen.

In den vorangegangenen Kapiteln haben wir die Träume verschiedenen Kategorien zugeordnet. Nun können wir aber auch einen einzelnen Traum in verschiedene Phasen unterteilen, wie das nächste Kapitel zeigen wird.

Was passiert, wenn wir schlafen?

Der Traum ist ein seelischer Verdauungs- und Verarbeitungsvorgang.
(Quelle unbekannt)

Während des Einschlafens verlieren wir zunächst die Kontrolle über den Gedankenablauf. Nach einiger Zeit entschwindet die Raum-Zeit-Orientierung. Wir versinken. Schließlich beginnen Traumbilder heraufzudämmern. Wir träumen in allen Phasen des Schlafes, doch sind wir uns dessen meist nicht bewusst.

Sinken wir in den Schlaf, so durchlaufen wir folgende Phasen:

- Wir schließen die Augen.
- Wir öffnen uns unserer inneren Welt.
- Der Körper beginnt sich zu entspannen.
- Der Herzschlag wird ruhiger.
- Die Körpertemperatur fällt ab.
- Das Atmen wird tief und gleichmäßig.
- Die Muskeln entspannen sich und werden schlaff.
- Der Körper wird schwer und sinkt in sich zusammen.

Wenn wir schlafen, verlangsamt unser Körper den Stoffwechsel, auf diese Weise sparen wir Energie. In dieser Ruhephase regeneriert sich der Körper und sorgt für seine Selbsterhaltung.

In den verschiedenen Schlafphasen erleben wir bestimmte Arten von Träumen:

1. Wachzustand vor dem Einschlafen – Tagträume
2. Einschlafen (Energie wird heruntergefahren) – Schwellenbewusstsein – Wachtraum
3. Schlafstadium – Tiefenbewusstsein – Träume auf verschiedenen Ebenen des Bewusstseins
4. Tiefschlaf – Astralprojektion
5. Erwachen

Die REM-Schlafphasen und NonREM-Schlafphasen

Der Schlaf ist ein aktiver zyklischer Vorgang, in dem das Gehirn hoch aktiv ist. Laut neuerer Ergebnisse der Schlafforschung durchlaufen wir einen fünfstufigen Schlafzyklus. Alle 90 Minuten wiederholen sich die zuvor aufgezeigten fünf Phasen in einer bestimmten Reihenfolge wie ein energetisches Muster, das man über die Gehirnzellenaktivität messen kann.

Innerhalb eines Zyklus sinkt man zunächst in den leichten Schlaf (Phase 1 und 2), dann in den Tiefschlaf, und anschließend wird der Schlaf wieder leichter. Bevor sich der Zyklus wiederholt, durchlaufen wir die REM-Phase, in der wir besonders aktiv träumen. Die Tiefschlafphasen werden im Laufe des

Zyklus immer kürzer, während die leichten Schlafphasen und die REM-Schlafphasen deutlich zunehmen. Die ersten Schlafstunden sind die tiefsten und erholsamsten. Im Alter nimmt die Schlafdauer übrigens ab, auch die REM-Phasen werden kürzer.

- Der NonREM-Schlaf lässt sich in vier Stadien unterteilen. In Stadium 1 und 2 ist der Schlaf leicht, in Stadium 3 und 4 tief. Im Stadium 1 können uns selbst leise Geräusche wecken. Den größten Teil des Schlafs verbringen wir in Stadium 2. Mit der Durchwanderung der vier Stadien wird der Schlaf zunehmend tiefer. Der Tiefschlaf und der REM-Schlaf sind für die Erholung von Körper, Geist und Seele am wichtigsten.
- Im REM-Schlaf (Traumschlaf) treten wir in den REM-Zustand (REM = rapid eye movements – schnelle Augenbewegungen) ein und träumen. Wird ein Mensch in dieser Phase geweckt, dann berichtet er, dass er gerade geträumt hat. In dieser Phase des Schlafs ist die Muskelspannung so gut wie nicht vorhanden. Dennoch sind Muskelaktivitäten im Gesicht und an den Gliedmaßen deutlich sichtbar, weiterhin sind unter den geschlossenen Augenlidern schnelle Augenbewegungen zu erkennen. Atmung, Blutdruck, Herzschlag sind höher und unregelmäßiger als in anderen Schlafphasen. Achtzig Prozent der Männer haben in dieser Traumphase eine Erektion, eine Tatsache, die Mediziner zuweilen bei der Diagnose von Erektionsstörungen zu Hilfe nehmen: Kommt es im REM-Schlaf zu Erektionen, liegt die Störung nicht im organischen Bereich.

Vier Stadien der Schlafaktivität

Im Gehirn gibt es vier Stadien der Aktivität, die im Schlaf nacheinander durchlaufen werden:

- Beta-Stadium: Das Gehirn schwingt mit einer Frequenz von ca. 30 bis 13 Hz (Hz = Schwingungen pro Sekunde). Ab 30 Hz setzen Nervosität und Panik ein. In diesem Zustand ist man hellwach, aktiv, auf dem Sprung, die Aufmerksamkeit liegt auf der Außenwelt und auf der Tätigkeit, die man gerade ausführt.
- Alpha-Stadium: Der untere Alphabereich (8–10 Hz) ist mit Selbstwahrnehmung und innerem Gleichgewicht, der obere Alphabereich (10–12 Hz) mit Zentrierung, Heilung und der Verbindung zwischen den Welten verknüpft. Im Alpha-Zustand ist man entspannt, wach, mehr auf die innere Welt konzentriert, die Augen sind geschlossen. Schamanische Reisen finden meist auf dieser Frequenz statt.
- Theta-Stadium: Bei dieser Frequenz (7–4 Hz) ist man dabei, einzuschlafen, die REM-Phase setzt ein, man beginnt zu träumen. Es ist ein meditativer Zustand, der gekennzeichnet ist von tiefer Entspannung, gesteigerter Kreativität, einer reichen Bilderwelt; er ermöglicht einen Zugang zu sonst unbewussten Potenzialen, und gewohnte Wahrnehmungsmuster können sich auflösen. Klarträume, Wachträume, Astralprojektionen finden in diesem Zustand statt. Psychedelische Drogen rufen ebenfalls Theta-Wellen hervor.
- Delta-Stadium: Die niedrigsten Frequenzen (3–1 Hz) kennzeichnen den Zustand tiefster Entspannung. Er wird

nur selten bewusst wahrgenommen, da er in der Tiefschlafphase, im NonREM-Schlaf, eintritt. Leere, Nichts, Trance, Tiefenhypnose und außerkörperliche Erfahrungen fallen häufig in diesen Bereich. – Nach dieser Phase kehrt sich die Reihenfolge um, bis man im Beta-Stadium wieder erwacht.

Der – eher geringe – Unterschied zwischen schamanischem Reisen und luzidem Träumen (katathymem Bilderleben, wie es Hans Carl Leuner, deutscher Arzt und Psychoanalytiker, bezeichnete) ist, dass wir bei ersterem aus dem Wachzustand bewusst in die Anderswelt hinüberwechseln und die ganze Zeit bei klarem Bewusstsein bleiben. Beim schamanischen Reisen lernen wir, in Träume einzusteigen und nach und nach das Traumgeschehen zum Wohle aller zu beeinflussen. Zum luziden Traum kommt es hingegen nur im Schlaf. Der Schlafende ist direkt im Traumgeschehen unterwegs, in der Welt der Traumbilder, die sich deutlich vom Wachzustand unterscheidet.

Es folgt eine weitere, diesmal energetische Einteilung, die darauf basiert, dass in den verschiedenen Sequenzen des Nachtschlafs unterschiedliche Säfte angeregt werden.

- *22.00 – 24.00 Uhr: Erinnerungen steigen hoch – Gefühle wachen auf*
  In dieser Zeit sind unsere Träume wässrig. Wir sinken ein, Erinnerungen dämmern herauf, und das, was aufsteigen will, wallt aus unseren unteren Regionen herauf wie Nebel: alte Erinnerungen die vielleicht durch aktuelle Situationen aktiviert wurden, verdrängte Erfahrungen aus der Vergangenheit, gesammelte Eindrücke des aktuellen Tagesgeschehens.

- *24.00 – 4.00 Uhr: Magischer, feuriger Teil – Wandlung und Verarbeitung*
  In diesen Stunden sind die Träume feurig und gegenwärtig. Sie sind magisch, schnell, bunt, stark emotional, heftig, oft auch grell, gelb, rot, feurig, intensiv, sehr lebendig, Alles ist scharf, präsent, klar, deutlich; Emotionen aller Arten zeigen sich deutlich. Die Energien werden herumgewirbelt und mit allen Mitteln umgewandelt – deshalb ist Mitternacht auch Geisterstunde. Hier träumen wir sehr intensiv. Dies ist auch oft die Phase, in der wir Albträume haben.

- *4.00 – 7.00 Uhr: Ruhe kehrt ein – neue Kräfte fließen hinzu*
  Morgens sind die Träume luftig. Wir träumen vom Fliegen, verlassen vielleicht unseren physischen Körper, sind weit weg und ganz ruhig. In dieser Phase kommt es am ehesten zu gegenwartsbezogenen oder in die Zukunft gehenden prophetischen Träumen. Luftträume sind oft blau und

gehen mit viel Veränderung und Bewegung einher: Wir fliegen, fahren, reiten … Wir beginnen, die Geräusche der Außenwelt wahrzunehmen. Der Schlaf wird leichter.

Wenn wir nach einem unangenehmen Traum in bester Laune aufwachen, zeigt uns das, dass sich viel negative Energie lösen und befreien konnte.
Wir sehen also, dass wir im Traum, in der Nacht, alles andere als inaktiv sind. Allerdings sind wir uns häufig der in dieser Zeit ablaufenden Vorgänge nicht oder nur zum Teil bewusst. Schlaf ist wichtig für unsere Seele, denn darin findet sie Raum und Zeit, ins Gleichgewicht zu kommen.

Deutung von Traumsymbolen

Ein Traum, den man nicht verstanden hat,
bleibt lediglich ein Ereignis;
hat man ihn verstanden,
wird er zu einer lebendigen Erfahrung.
C.G. Jung, Schweizer Psychotherapeut

Was ist ein Symbol?

Auf einer schamanischen Reise bekam ich beispielsweise einmal Bohnen geschenkt, mit denen ich – zunächst – nichts anfangen konnte. Sie würden mich beschützen, war damals die Aussage der Spirits. Wochen später hatte ich einen Traum: Ich befand mich in einem Keller und wurde bedroht. Schritte kamen immer näher, und ich hatte keine Möglichkeit, zu entkommen. Ich wusste, der Mensch der da nahte, wollte mir etwas antun. Plötzlich fielen mir die Bohnen ein. Ich holte eine aus meiner Tasche, und in dem Moment, als sie den Boden berührte, wuchs eine Ranke aus dem Boden, und ein Blatt trug mich auf die nächste Ebene, wo ich in Sicherheit war. So kam es, dass ich für mich die Bohne als Schutzsymbol akzeptierte.

Wir können Symbole bewusst mit etwas verbinden.
Dies wird dann in unserem Traum wirken.
(Quelle unbekannt)

Symbol heißt im Tibetischen »dade«; »da« bedeutet »Zeichen« und »de« »Omen«. Auf unserem Weg erhalten wir viele große und kleine Zeichen. Omen sind Vorzeichen größerer Ordnung, die Gutes oder Schlechtes für Projekte, Neuanfänge aller Art verheißen.

Die universelle Sprache der Träume sind die Symbole.
(Quelle unbekannt)

Jedes Symbol hat eine tiefere Bedeutung. Wahre symbolische Bedeutung ist universell; sie ist für alle gleich. Wir Menschen weisen, trotz unserer unterschiedlichen Lebensumstände, gleiche Wesensmerkmale auf. So sind unsere Organe – egal welchem Volk wir angehören – auf dieselbe Weise angeordnet: Unser Herz schlägt immer in der Brust. Wir alle nehmen Nahrung auf und scheiden Reststoffe aus …
Es gibt universelle Symbole, kulturelle Symbole und Symbole, die für einen persönlich gelten. Letztere können wir in unserem Leben selbst geschaffen haben – wir haben die Verknüpfung geschaffen, die das Symbol hat entstehen lassen. Diese persönlichen Symbole hängen von unseren Lebenserfahrungen ab;

verliert z. B. jemand einen Menschen, und dieser hatte eine bestimmte Gewohnheit, vielleicht rauchte er Pfeife, so kann diese zu einem Symbol für diesen Menschen werden.

Beispiele für Symbole, die fast immer dieselbe Bedeutung haben:

- Wasser: Quelle des Lebens, Emotionen, Geist
- Schiff: Reise
- Feuer: Reinigung, Zorn, Wut, Zerstörung
- Haus: Körper, Heim

Symbole können verschiedene Bedeutungen haben, je nachdem, wie sie sich uns zeigen. Wenn wir Symbolen begegnen, sollten wir sie auf *Nutzen* und *Qualität* überprüfen. Beispielsweise kann klares, sauberes, fließendes Wasser für Reinigung, Reichtum, Fülle, Energiefluss stehen, schmutziges Wasser für Stagnation, Krankheit, Trauer.

Es ist wichtig, zu schauen:

- Was für ein Symbol ist es?
- Welche universelle Bedeutung hat es?
- Welche persönliche Bedeutung hat es für dich?
- Was löst es in dir aus (gutes Gefühl, schlechtes Gefühl)?
- Wie zeigt es sich? In welchem Umfeld, in welcher Bewegung treffen wir es an?

Wichtig ist auch, wer träumt – Mann oder Frau? Denn entsprechend können Symbole unterschiedliche Bedeutungen haben. Schnee kann z. B. beim Mann Glück in der Aktivität bedeuten und bei der Frau, dass sie alte Emotionen hinter sich lassen kann, dass sie Frieden in sich findet. Wie ist das Gefühl in dem Moment, in dem wir aufwachen? In welchem Zustand ist der Mensch, der träumt? Ist er gesund oder krank, ist er gesundheitlich fit oder in schlechter Verfassung … Entsprechend ist die Traumsymbolik jeweils anders zu interpretieren. Für einen Menschen, der schwer krank ist, kann es, wenn er von Gold träumt, ein Hinweis auf seinen baldigen Tod sein, bei gesunden Menschen hingegen kann es auf unerwarteten Reichtum hindeuten.

Wichtige Symbole, die mit dem Träumen in Verbindung stehen

Auge, Horusauge: Das Auge ist ein Zeichen der Kontrolle und des Bewusstseins. Es ist das Symbol der luziden Träume und der Traumkontrolle. Es steht auch für die Fähigkeit, im Traum wach zu sein.

Bett, Schlafanzug: Unser Bett und unsere Decke geben uns Geborgenheit und Wärme, außerdem halten sie unseren physischen Körper warm. Der Schlafanzug ist das Gewand der Nacht. Wir legen die Kleider des Tages ab, um uns dem Angesicht der Nacht zuzuwenden. Dort können wir uns vom Tag erholen. Unser Schlafraum sollte ein Ort der Kraft sein und wenig

Alltagsgegenstände enthalten. Und morgens sollten wir die Betten lüften und die Träume der Nacht aus unseren Federn schütteln.

Füße: Am Tag berühren wir mit den Füßen den Boden der Realität, des Nachts wandeln wir auf den Traumpfaden. Die Füße sind dem Sternzeichen Fische zugeordnet – dem Weg des Träumens und der Berührung unserer geistigen Essenz.

Gebet, Zwiesprache: Gebet und Zwiesprache helfen dabei, sich auszurichten, sodass man sich im Traumzustand geschützt und behütet fühlt.

Höhle: Die Höhle steht für den Eintritt in den Traum und in die Anderswelt. Sie bietet Schutz vor der Außenwelt und ist der Zugang zu den Traumpfaden der Seele.

Kerze: Kerzen verbrennen Materie zu geistiger Essenz.

Kristalle, Kraftorte: Beides sind Traumverstärker. Sie helfen uns dabei, im Traum eher wach zu werden, außerdem verleihen sie uns Klarheit.

Kuscheltier: Es symbolisiert die guten Kräfte, welche uns des Nachts begleiten und über uns wachen.

Mond, Mondlicht: Das Mondlicht steht für das Astrallicht, das unser Bewusstsein in einer Parallelwelt widerspiegelt (die Sonne, die den Mond anstrahlt). Es zeigt, wie unsere Verfassung ist, entsprechend ist das Bild klar bis völlig verzerrt. Das Mondlicht steht auch für unsere Intuition, für unsere Führung auf unserem Weg durch die Dunkelheit. Die Kraft des Mondes und die Bewegungen des Wassers hängen zusammen. So kann der Mond unser Traumgeschehen steuern und sein Licht alle Bereiche unseres Seins erhellen – sowohl unser Licht als auch unseren Schatten.

Nacht oder Dunkelheit: In der tiefsten, dunkelsten Nacht wird das Licht wiedergeboren. In der Nacht folgen wir dem Licht unserer Seele.

Salz: Salz ist ein gutes Mittel zur Reinigung. Fühlen wir uns energetisch verschmutzt, können wir ein Salzbad nehmen oder uns mit Salz abreiben. Wollen wir eine schamanische Reise machen, können wir uns mit einem Schutzkreis aus Salz umgeben.

Silber: Silber steht für die erste Veredelungsstufe des Geistes und für Schutz. Es symbolisiert den Spiegel und den Widerschein, in ihm können wir uns selbst – also unser Selbst – spiegeln.

Silberschnur (auch Astralschnur genannt): Die Verbindung zwischen dem Geistkörper und dem physischen Körper ist die Silberschnur. Sie wird als weiß bis silbrig beschrieben und kann an verschiedenen Stellen im Körper austreten, z. B. an Stirn, Hinterhaupt, Brust, Milzgegend, Magen … Wenn ein Teil der Äthersubstanz, welche uns alle durchdringt, den Körper verlässt, so bleibt diese mit dem Körper verbunden. Auf diese Weise kann die Substanz jederzeit wieder in den Körper zurückgeführt werden. An der Stelle, an welcher die Silberschnur in den physischen Körper einmündet, verbreitet sie sich kegelförmig. In den alten Legenden und Mythen finden sich viele Geschichten über die Silberschnur. In der nordischen Mythologie z. B. finden wir die drei Nornen (Urd, Werdandi und Skuld), die den Lebensfaden spinnen, bemessen und zuletzt abschneiden. Wenn unsere Zeit gekommen ist, reißt oder löst sich die Silberschnur vom physischen Körper ab. Der irdische Körper geht zurück in die Erde, und der geistige tritt seine große Reise in die höheren Gefilde an.

Traumfänger: Dieses Netz, das aus dem Kulturkreis der Indianer Nordamerikas zu uns fand, fängt die Träume und zerstreut die schlechten, die guten lässt es durch die Mitte des Netzes zu uns kommen.

Traumkörper: Eine körperliche Erscheinung, die dann auftritt, wenn Traumbilder mit körperlichen Empfindungen und Symptomen einhergehen. Wir können am Morgen in unserem Traumkörper fühlen, wo der Traum nachwirkt und diesem nachspüren.

Tiere: Nachtaktive Tiere wie Katze, Wolf, Eule, Fledermaus … stehen für die Astralreise und die Astralprojektion. In den alten Überlieferungen heißt es, dass sich die Seele im Traum in ein nachtaktives Tier verwandelt. Katzen sind zudem geistersichtig und in der Lage, Menschen zu erkennen, die in ihrem Ätherkörper unterwegs sind. Das Schaf gehört ebenfalls zu den Tieren des Traumes; es steht für die sanfte, zarte Seite, der man sich öffnen soll.

Viele Schlaflieder und das berühmte Schäfchenzählen als Einschlafhilfe weisen darauf hin.

Waschungen: Sie reinigen unseren Körper und bereiten ihn auf die Nacht vor.

Wasser: An Quellen und Seen trifft sich im Mondschein die Geisterwelt zum ewigen Reigen, denn Wasser stellt das Leben dar. Es ist der Spiegel unserer geistigen Existenz. Wasser trennt oft die eine Welt von der anderen, bietet uns aber auch Zugang zu Parallelwelten. Im Wasser offenbaren sich die unbewussten Kräfte, unter seiner Oberfläche finden wir die tieferen Schichten unserer Seele.

Zweites Gesicht: Neben unserer physischen Existenz haben wir noch eine geistige unsterbliche Natur, Teil dieser ist unser zweites Gesicht. Wenn das zweite Gesicht erwacht, wenn wir lernen, es wahrzunehmen, dann beginnt unsere geistige Natur zu erwachen.

Traumdeutung

Jeder Mensch kann seinen eigenen Traum besser deuten als irgendein anderer, weil er Symbole setzt, die aus der Tiefe seines Unterbewusstseins stammen. Es ist wichtig, seinen Traum selbst zu verstehen, denn Träume können aufwecken und dem Leben eine neue Richtung geben.

Traumdeutungsbücher sind wichtige Quellen, in denen wir hilfreiche Hinweise finden. Das Traumgeschehen verstehen wir jedoch erst, wenn wir einen Bezug zur Alltagsrealität herstellen können und im Traumkörper unserem Traum ganz bewusst nachspüren. Je mehr wir das üben, desto besser gelingt es uns, unsere Träume zu deuten, zu verstehen und den Zeichen, die sie uns senden, Aufmerksamkeit zu schenken.

Was einem im Traum begegnet, bedeutet, woran es den Träumer erinnert. Was also fällt dem Träumenden zu dem betreffenden Element aus seinem Traum ein? Darüber hinaus ist es wichtig, die Lebensumstände des Träumenden zu beachten: Ist es eine Frau, ein Mann oder ein Kind? Ist es ein gesunder oder ein kranker Mensch? Ist es ein Mensch, der sich regelmäßig spirituellen Praktiken widmet? … Denn entsprechend den Gegebenheiten kann die Symbolik eines Traumes sehr unterschiedlich sein.
Meine Absicht hinter dieser Relativierung der Deutung von Traumsymbolen ist nicht, meine Leser zu verwirren, sondern sie zu sensibilisieren: Man kann eine bekannte Symbolik nicht jedem gleichermaßen überstülpen. Die gleiche Symbolik kann von Mensch zu Mensch sehr unterschiedliche Botschaften bergen.

Alles, was wir träumen, ist verbunden mit uns
und kommt aus uns.
(Quelle unbekannt)

Traumdeutung ist kein leichtes Kapitel. Oft analysieren und sezieren wir mit unserem Verstand den Traum, was dazu führt, dass er sich uns entzieht und wir ihn nicht verstehen und entschlüsseln können. Viel wirkungsvoller ist es, ihn als Ganzes zu betrachten, ihn noch ein Mal vor dem inneren Auge ablaufen zu lassen. Versuche, den Traum als Ganzes zu betrachten. Finde den Schlüssel – das Hauptsymbol, beachte auftretende starke Farben, hervorstechende Elemente, Gegenstände, Figuren … Schreibe nieder, was du für den Schlüssel hältst. Schon dabei wirst du eine Veränderung und eine neue Tiefe spüren – Träume haben eine ganz eigene Magie.

Die Tür für den Durchschnittsmenschen ist ein Bleistift und ein Block auf dem Nachtkästchen. Anfangs erinnert man sich beim Erwachen möglicherweise nicht einmal an ein Traumfragment, doch mit der Zeit wird das Unbewusste durch den bereitliegenden Bleistift und Block angespornt, es beginnt für den Menschen zu arbeiten und erschließt ihm ein völlig neues Gebiet.

Hugh Lynn Cayce, amerikanischer Traumforscher
(Sohn von Edgar Cayce, dem schlafenden Propheten)

Betrachte deine Aufzeichnungen:

1. Wo stehst du gerade jetzt in deinem Leben?
2. Was hat dich am Tag vorher beschäftigt?
3. Wie war die Grundstimmung im Traum?
4. Welche Personen kamen darin vor – was bedeuten diese für dich?
5. Lass die Symbole an dir vorbeifließen, und schaue: Was lösen sie in dir aus? Angenehme Gefühle, Weite, Enge ...
6. Welche Symbole, Szenen waren für dich besonders bedeutungsvoll? Warum?
7. Was war die Hauptbotschaft, das Dominante in deinem Traum?
8. Was möchte dir der Traum in Bezug auf dein Leben sagen?
9. Frage dich: Was würde ich anders machen, wenn ich diesen Traum noch ein Mal träumen könnte oder wenn ich das, was im Traum geschah, in meinem wirklichen Leben erleben würde?
10. Wenn du mit deiner Deutung nicht weiterkommst, sprich ein Gebet, bitte dein höheres Selbst, Gott, die Quelle, um Hilfe und Einsicht in die Bedeutung dieses Traums.

Das Wichtigste ist: Wie fühlst du dich nach dem Erwachen?

Die Seele prophezeit alles, was sich im Lauf der Zeit über kurz und lang ereignen wird, durch eigene natürliche Bilder. Alle Traumgesichte, die etwas Unheilvolles bedeuten, haben für den Träumenden weniger unheilvolle oder vielleicht gar keine Folgen, wenn seine seelische Stimmung dabei gehoben ist. Umgekehrt gehen alle Traumgesichte, die etwas Gutes bedeuten, nicht in Erfüllung oder jedenfalls in geringerem Maß, wenn die seelische Stimmung gedrückt ist. Deswegen soll man jeden danach befragen, ob er in guter oder schlechter Gemütsverfassung geträumt hat.

Artemidoros von Daldis,
Gelehrter im antiken Griechenland

Die nachfolgenden Erläuterungen sollen lediglich einen kleinen Einblick geben in die Vielschichtigkeit von Traumsymbolen und dich dafür sensibilisieren. Ein Traumsymbol kann viel bedeuten. Wichtig ist: Wie ist unsere Stimmung beim Aufwachen?

Es gibt bei den Symbolen bestimmte Zuordnungen. Wir unterscheiden allgemeine Symbole, positive Traumsymbole (P), positive Symbole mit positivem Ausgang (PP), positive Symbole mit negativem Ausgang (PN), weiterhin negative Symbole (N), negative Symbole mit negativem Ausgang (NN), negative Symbole mit positivem Ausgang (NP).

Beispiele für allgemeine Symbole:

- Berg: Führung, Arbeit
- Dunkelheit: etwas Verborgenes
- Hände: Schaffenskraft
- Haus: der Körper
- Kleidung: die Energie, die uns umgibt und in die wir eingebettet sind
- Licht: Führung
- Nahrung: Energie
- Wiese: Erholung

Beispiele für positive Symbole (P):

Licht, Engel, Gottheiten, Meister, gelbe Blumen, Gold, strahlende Farben, Regenbogen; Blumen in leuchtenden, vitalen Farben; Tiere wie Delfine, Pferde, Schmetterlinge, Kolibris; fließendes klares Wasser; saftige grüne Wiesen; reine sprudelnde Quellen, strahlende Kleidung …

Beispiele für positive Symbole mit positivem Ausgang (PP):

- Behältnisse: Behälter wie Schalen, Kelche, Truhen, Brunnen …, die gefüllt sind, aus denen man schöpfen kann – stehen für Potenzial, Sinnesfreuden und Kraft.
- Berühmte Menschen: Wenn wir von berühmten Menschen träumen, bedeutet das, dass wir die gleichen Qualitäten und Möglichkeiten wie diese Personen in uns tragen.
- Blumen: Weiße und gelbe Blumen stehen für Unterstützung durch gute Kräfte und für gute Ergebnisse, den rechten Weg und Erfolg.

- Essen: Gutes und reines Essen steht für Gesundheit und vitale Lebensenergie.
- Fisch: Der Fisch als Symbol des Lebens ist ein Zeichen für Schwangerschaft und für geistige Nahrung. Im Christentum kann er für die Christuskraft und für Erneuerung der Lebenskräfte stehen.
- Flüsse und Seen: Überqueren wir im Traum Flüsse und Seen, so ist das ein Hinweis darauf, dass wir ein Projekt abschließen.
- Fortbewegungsmittel: Heile Verkehrsmittel aller Art, die leuchten und strahlen, stehen für neue Bewegung im Leben, Wandlung, neue Kreise, Erweiterung des eigenen Radius. Alles wird gut. Das Auto speziell ist unserem Ego zugeordnet.
- Freunde und Eltern: Respektieren dich Freunde und Eltern im Traum, bedeutet das, dass du deine Träume und Visionen, deine Projekte verwirklichen kannst.
- Früchte: Saftige, gute Früchte, die wir im Traum finden, pflücken oder erhalten, stehen für ein positives Ergebnis, Erfolg, Anerkennung.
- Garten: Ein schöner Garten verweist auf einen sicheren geborgenen Ort und auf Erholung.
- Getreide, Reis: Getreide und Reis sind ein Sinnbild für gute Ernte, Reichtum und Erfolg.
- Häuser: Schöne Häuser stehen für Aufstieg und außerdem, da unser Körper der Tempel unserer Seele ist, für gute Gesundheit.
- Himmelsrichtungen: Verschiedene Himmelsrichtungen bedeuten, der Energiefluss ist gut, wir können Probleme überwinden und uns frei machen.

- Hut: Ein schöner Hut ist ein Hinweis auf gute Führung, man wird als Chef anerkannt, hat die Führung in der Hand (ausgenommen bei schwarzen und roten Hüten).
- Kinder: Kinder, die in den Farben Gelb und Weiß oder einfach fröhlich bunt gekleidet sind, stehen für Lebensfreude und direkten Zugang zur Göttlichkeit.
- Kleidung: Schöne Kleidung ist ein Zeichen für gute Gesundheit, eine attraktive Ausstrahlung und Charisma.
- Musik: Harmonische Musik, schöne Klänge stehen für Harmonie und Ausgeglichenheit.
- Natur: Schöne Natur, saftiges, grünes Gras, hell leuchtende Blumen, kraftvolle Bäume verweisen auf gute Gesundheit, Kraft, die eigene Mitte.
- Obstbaum: Wenn wir im Traum auf einen Obstbaum klettern, so ist dies ein Hinweis auf gute Resultate, die du erzielst, und darauf, dass der Erfolg nicht mehr fern ist.
- Regenschirm: Regenschirme sind ein Zeichen für Schutz und langes Leben.
- Schmuck: Besonderer Schmuck verweist auf geistigen Reichtum, auf Auszeichnungen, Ruhm und Ehre.
- Schnee: Schnee steht für die Heilung alter Emotionen und inneren Frieden.
- Schuhe: Gutes Schuhwerk zeigt an, dass man sein Begehren verwirklichen kann und seinen Weg geht, dass man mitten im Leben steht und seine Richtung kennt; außerdem steht es für sicheres Auftreten.
- Sonnenaufgang: Sonnenaufgang und klarer Himmel sind gute Omen für einen Neuanfang, ein Hinweis auf neue Energie und Klarheit in unseren Angelegenheiten.
- Spirituelle Wesen: Spirituelle Wesen wie Engel, Götter, Erleuchtete, Buddhas etc. sind Ausdruck unseres göttlichen Wesensteils.

- Tiere: Reiten wir auf einem bestimmten Tier, wie Drache, Löwe, Pferd, so ist das ein Zeichen für eine sehr kraftvolle, positive Energie, die wir zu kontrollieren und zu lenken in der Lage sind. Die Tiere stehen für Schöpferkraft, außerdem für eine stabile Kondition und eine gute Führung im Leben. Du hast alles gut unter Kontrolle und bewahrst den Überblick. (Zur Bedeutung der jeweiligen Tiere kannst du in meinem Buch »Krafttiere begleiten dein Leben« einige hilfreiche Hinweise finden.)
- Verwandte: Wenn wir auf angenehme Weise von lebenden Verwandten träumen, verweist das auf gute Verbindungen im Leben.

Manche Dinge erscheinen schön, doch auf den zweiten Blick offenbaren sie uns ihre wahre Bedeutung.
(Quelle unbekannt)

Positive Symbole mit negativem Ausgang (PN)

- Demut: Wenn wir uns jemand anderem gegenüber demütig verhalten, bedeutet das, dass wir zum Verlierer werden.
- Hochzeitsfeiern: Gehen wir im Traum auf eine Hochzeit oder heiraten einen Fremden, gar ein Geistwesen, kann das ein Hinweis auf eine ernsthafte Krankheit sein, die mit dieser Zeremonie beginnt. Heiraten wir selbst oder jemand, den wir kennen, einen Verstorbenen, so kann dies unseren Tod oder den unseres Bekannten ankündigen.

- Lebensmittel: Lebensmittel wie Butter oder Reis, die wir aufbrauchen oder die zur Neige gehen, stehen für den Verlust der Lebensenergie.
- Rot: Die Farbe Rot steht oft für Kontrolle und Macht und bedeutet, dass man kontrolliert wird, andere Macht über einen ausüben, dass man dominiert wird. Ihr Erscheinen – als Blume, Feld, Kleid, Hut etc. – kann eine Warnung sein, ein Hinweis darauf, dass uns jemand Energie abzieht. Dann halte inne, und überprüfe deine Lebenssituation.
- Rote Spirits: Engel in Rot, rote Dakinis, sind eine Warnung von der anderen Seite, dass man aufpassen sollte, weil einem auf irgendeine Weise Energie verloren geht.
- Schaukel: Sie kann für Störungen des Gleichgewichtssinnes stehen, für eine Mittelohrentzündung, für Unentschlossenheit.
- Spiegel: Schauen wir im Traum in den Spiegel, kündet das einen Wendepunkt in unserem Leben an. Wir werden auf uns selbst zurückgeworfen.
- Urlaub: Fliegen wir im Traum in den Urlaub, bedeutet das, dass wir eine Pause brauchen, weil unsere vitale Kraft nachlässt und wir erschöpft sind.

Negative Symbole mit negativem Ausgang (NN)

- Abwärtsbewegungen: Im Allgemeinen stehen Abwärtsbewegungen im Traum dafür, dass eine negative Entwicklung stattfindet.
- Altern: Altern wir im Traum, so ist das, insbesonders wenn es sehr schnell geschieht, ein Hinweis darauf, dass uns gerade Lebensenergie verloren geht.

- Brücken, Straßen: Geborstene Brücken, zerstörte Straßen, Blockaden stehen für Hindernisse, blockierte Energie und dafür, dass es im Augenblick nicht weitergeht.
- Dreck: Träumen wir uns an schmutzige verdreckte Orte, haben wir Dreck auf dem Körper, tragen alte, verdreckte, zerrissene Kleider, dann deutet das auf verlorene Lebensenergie, löchrigen Energiekörper, Verlust, Energiearmut und Mangel im Energiefeld hin; werden wir mit Dreck beworfen, so leiden wir unter übler Nachrede, Mobbing.
- Dunkelheit: Wenn es im Traum dunkel und trüb wird, zeigt dies Verlust und Überlastung an.
- Dunkle Gestalten: Sie stehen für unsere negativen Eigenschaften, denen wir nicht ins Gesicht schauen wollen, wie Tratschsucht, Verrat, Gier, Stolz, Sturheit.
- Dornen; stachelige, piksende Pflanzen: Solch kratzbürstige Pflanzen können ein Hinweis auf Krebs sein, sofern sich die Dornen gegen einen selbst richten oder in einem wachsen; ansonsten sind sie auch ein Symbol der Abgrenzung.
- Enge: Enge Gassen, Schluchten, Verengungen stehen für Ängste, Depressionen und selbst geschaffene auswegslose Situationen.
- Essen und Trinken: Schlechtes Essen und schlechtes Trinken stehen für Verlust und Krankheit.
- Haare: Werden uns im Traum die Haare geschnitten oder verbrennen sie gar, zeigt das den Verlust der spirituellen Energie an, außerdem Schwäche im Körper und Kraftlosigkeit.
- Haus: Ein Wohnhaus steht für die Familie; Hausbrände oder Hausverschmutzung verweisen auf negative Kräfte innerhalb der Familie und auf Familiendramen; zerstörte Häuser stehen für zerrüttete Familienverhältnisse.

- Krankheit: Sehen wir uns krank, schwach oder als Bettler, so ist das ein Zeichen für Energieverlust, Mangel und Ängste.
- Leere Objekte: Leere Gegenstände stehen für Verlust, einen Mangel an Kraft und dafür, dass wir keine Reserven mehr haben.
- Metall, Geld, Eisen: Wenn man viel Geld, Metall oder Eisen findet, verliert man seinen Kampf in der Gesellschaft.
- Naturkatastrophen: Erdbeben, Fluten, Lawinen, Vulkanausbrüche … können Krankheit und Unheil ankündigen.
- Netz: Wenn man sich in einem Netz verheddert, ist das ein Zeichen für Einsamkeit und Verlust von Lebensenergie, außerdem dafür, dass man sich als Opfer ausgeliefert fühlt.
- Polizei: Begegnen wir der Polizei, werden wir ins Gefängnis geworfen, dann bedeutet das Verlust, Strafe und Angst vor männlichen Autoritätspersonen.
- Rennen: Möchte man im Traum rennen, kann es jedoch nicht, so zeigt das innere Blockaden an.
- Schüsse: Schießen Menschen auf einen Träumer, steht das für böse Nachrede und dafür, dass andere Menschen Schlechtes über uns denken.
- Schlange: Ist sie nicht aufgerichtet, halb aufgerichtet oder aggressiv, so kann sie für Kampf, Angst, Verteidigung und Aggression stehen und für fehlgeleitete Lebensenergie, die uns verloren geht. Sie kann Krankheit ankündigen.
- Sonnen- und Mondfinsternis: Diese Phänomene verweisen auf eine ungünstige Wendung im Leben.
- Schwarze Wesen: Wird man von schwarzen Wesen umrundet oder verkehrt mit befremdlichen Wesen, so ist das ein Zeichen für eine ausbrechende Krankheit.

- Tiere: Verfolgen uns Tiere, steht das für Kräfte, die gegen uns gerichtet sind oder die wir selbst gegen uns richten, weil wir sie nicht anerkennen.
- Transportmittel: Defekte Transportmittel bedeuten, dass unsere Entwicklung nur langsam vorangeht.
- Ungeziefer: Fliegen, Ameisen, Käfer ... Ungeziefer auf dem Körper sind ein Hinweis darauf, dass wir negative Energien von anderen empfangen.
- Wasser – schmutzig, dreckig; Morast: Verschmutztes, sumpfiges Wasser kann Stagnation und Krankheiten der Lymphe ankündigen.
- Zahnausfall: Er steht für Verlust, große Veränderungen, Tod, etwas, was in unserer Umgebung stirbt oder sich unwiederbringlich verändern wird. Ein Teil von uns selbst stirbt, jemand in unserer Umgebung geht, verlässt unser Leben oder stirbt.

Negative Symbole können sich zeigen bei unaufgearbeiteten Traumata, Verlust von Seelenanteilen, schlechtem Karma, schwarzmagischen Attacken, beginnender Krankheit, fehlender Anerkennung der eigenen Kraft oder weil es der Zeitpunkt so erfordert.

Negative Symbole mit positivem Ausgang (NP)

- Blut: Blutvergießen oder blutende Wunden bedeuten Heilung und Reinigung.
- Durchfall, Erbrechen: Leiden wir im Traum unter Durchfall und/oder Erbrechen, ist das ein sehr gutes Zeichen, denn das heißt, wir lassen los, machen uns leer, alte un-

verdaute Sachen verlassen unser Energiefeld, es ist ein Hinweis auf seelische Reinigung.

- Gift: Finden wir viel Gift, zeigt das an, dass es jetzt beseitigt werden kann – das Gift verlässt unseren Körper, der Heilungsprozess setzt ein.
- Leichnam: Träumen wir von Leichen, deutet das darauf hin, dass Emotionen neutral werden.
- Stuhl und Urin: Beide sind ein sehr gutes Zeichen, denn sie bedeuten, dass wir loslassen, entgiften und uns reinigen.
- Tierbiss: Wenn uns ein Tier beißt und wir infolgedessen bluten, so ist das ein Hinweis darauf, dass sich Negatives in unserem Umfeld auflöst.
- Tod: Der Tod ist ein positives Zeichen; träumen wir von ihm, zeigt uns das, dass wir die Endgültigkeit einer Angelegenheit akzeptieren; wir machen uns bereit für einen Schritt nach vorn, wir lassen los. Sehen wir unseren eigenen Tod, deutet das darauf hin, dass Negatives in uns stirbt und wir uns erneuern.
- Tränen: Weinen wir und fließen dabei Tränen, heißt das, etwas kann gehen, abfließen, wir lassen los, alte aufgestaute Gefühle kommen ins Fließen.
- Waffen: Gute Waffen zeigen, dass unser Immunsystem intakt ist, dass wir gut behütet sind bzw. uns selbst gut beschützen und uns abgrenzen können.

Symbole in der spirituellen Praxis

Es gibt bestimmte Traumsymbole, die uns als Menschen, die an ihrer inneren Entwicklung arbeiten, zeigen, dass unsere spirituelle Praxis erfolgreich ist:

Gold: Gold im Traum bedeutet, dass unsere spirituelle Praxis Wirkung zeigt.

Hochzeit: Zur spirituellen Entwicklung gehört es, dass wir irgendwann einmal unseren Geistmann, unsere Geistfrau finden und diese/n heiraten. Das ist ein Zeichen dafür, dass wir allmählich ganz, heil, vollständig werden.

Meister, Tempel, Engel, deutliche Sätze: Dies alles steht für neue Kreise der Kraft, für Wachstum und für eine Verbindung zur Quelle.

Menschenfleisch: Wenn wir spirituell Praktizierende sind, kann es geschehen, dass wir träumen, dass wir Menschenfleisch essen. Nicht erschrecken, denn das ist ein gutes Traumsymbol – es zeigt an, dass uns spezielle Kräfte verliehen werden.

Tiere: Wenn wir von Tieren verspeist werden, steht das für eine Einweihung und die Verbindung mit einem Tierverbündeten, der uns seine Kraft und seine Fähigkeiten überträgt.

Tod, der eigene: Interessanterweise kündet es für einen spirituell Praktizierenden von einem langen Leben, wenn er von seinem eigenen Tod träumt.

Vereinigung; auch körperlich und sexuell: Erleben wir im Traum eine Vereinigung, ist das ein Zeichen dafür, dass neue Kräfte in uns eingehen bzw. wir uns mit neuen Kräften, mit einem weiteren Teil unseres Wesens verbinden.

Zerstückelungen: Werden wir im Traum zerstückelt, in Stücke gerissen oder zerteilt, so zeigt das, dass wir zum Schamanen berufen sind, dass die Auflösung alter Energien und eine Einweihung bevorstehen, dass das zweite Gesicht erweckt wird.

Mögliche Bedeutung der Farben im Traum

Licht verwandelt sich in Farben,
um uns zu erfreuen,
um uns zu heilen,
um uns zu lehren,
in Schlichtheit und Schönheit,
in Liebe,
in Harmonie und in Frieden
mit uns und der Welt zu sein.
Angelika Runge

Wir träumen meistens in Farbe. Für die Traumdeutung ist es dabei wichtig, welche Farben verstärkt auftreten, mit welcher Brillanz sie uns erscheinen und wie wir sie empfinden. Sind die Farben z. B. eher gedämpft, dunkel, verschwommen, so ist das Traumgeschehen eher von Energien aus den niederen Bereichen bestimmt. Sind die Farben hingegen irisierend, strahlend, von innen heraus leuchtend, so werden unsere Träume von Energien aus den oberen und höheren Regionen beeinflusst. Die fünf Hauptfarben der Traumsymbolik sind Weiß, Gelb, Rot, Grün und Blau. Natürlich können wir auch in anderen Farben und vielen Schattierungen, Nuancen, Tönungen träumen. Es lohnt sich in jedem Fall, sich eine Zeit lang auf das Farbgeschehen in den Träumen zu konzentrieren, um ein Gefühl dafür zu entwickeln.

- Blau weist auf die Elemente Äther und Luft hin – kann aber auch für das Element Wasser stehen. Es steht in Verbindung mit höheren Mächten und Machtaspekten gemeinhin. Hellblau ist eher der Luft zugeordnet, während ein dunkleres Blau eher zum Wasser gehört, Schwarzblau steht für den Kosmos. Blaue Kleider können auf seelischen Schmerz oder auf Ruhebedürfnis hinweisen. Im Negativen können uns Träume in Blau auf bevorstehende, für uns schwere Ereignisse vorbereiten, wie Naturkatastrophen, Verluste, Spannungen, durch die wir jedoch sicher und gut geleitet werden. Im Positiven verweisen sie auf Bewegung, Veränderung, neue Wege, neue Talente und Fähigkeiten, göttliche Führung, Schutz, Visionen … Blau steht auch für die Erfüllung von Wünschen. Träume in Blau zeigen uns unsere geistigen und mentalen Fähigkeiten auf, zu denen auch die gehört, sich der göttlichen Führung anzuvertrauen.

- Gelb steht ebenfalls mit den Elementen Äther und Luft in Verbindung, darüber hinaus aber auch mit den wärmenden höheren Aspekten des Feuers. Es repräsentiert die Führung durch Spirits wie Engel, Geistführer, innere Lehrer, Meister, außerdem verweist es auf die Übermittlung von Lehren und Weisheiten, auf Stabilität, Aufgewecktheit, Lebensfreude und Freude im Allgemeinen und ist auch ein Bote des Humors. In seinen dunklen Nuancen kann es für Eifersucht und Konkurrenz stehen. Im Allgemeinen jedoch kündigt es Wandel, Inspiration und geistige Führung an.
- Gold verkörpert das Element Äther und das reine Bewusstsein. Es steht für Wissen aus der Quelle, das innere Licht und die Lebensenergie. Gold im Traum kann verschiedenes bedeuten: Es kann z. B. eine Entwicklung anzeigen, welche noch Zeit braucht. Wenn ein Kranker von Gold träumt, so kann es seinen Tod ankündigen. In seinem negativen Aspekt steht es für Gier, Habsucht und Manipulation, in seinem positiven für Erlösung, Fülle, Sieg, Gewinn und Wohlstand. Je nachdem, wie und wem sich das Gold zeigt und in welchem Zusammenhang, kann man die Symbolik erfassen. Tempelstätten der höheren Ebenen und Lichtwesen zeigen sich im Traum oft in von innen leuchtendem irisierendem Weißgold. Erscheint das Gold mit anderen Farben gemischt, zeugt dies von fließender Lebensenergie.
- Grün ist gemeinhin die Farbe des Herzens und der Heilung; es steht mit dem Element Erde in Verbindung. Es stärkt unser Immunsystem und hilft uns, zu regenerieren und neue Lebensenergie zu entwickeln sowie Heilung durch Wissen oder Bewusstsein herbeizuführen. Grüngold erscheint oft in Heilungsträumen. Die Farbe Grün

kann aber auch eine zornvolle Aktion begleiten, die das Ziel hat, alles Negative zu vertreiben.

- Olivgrün im Traum kann einen Erschöpfungszustand anzeigen, der bereits in Regeneration begriffen ist. Olivgrün stärkt unser Immunsystem und unsere Verbundenheit zur Erde und zu unseren Wurzeln. Olivgrün, mit Gold durchsetzt, ist ebenfalls eine der Heilfarben, die helfen, alte Ängste zu überwinden.
- Orange ist die Farbe des Feuers und der Aktion. Orange im Traum zeigt: Dinge wollen aktiv angegangen werden. Orange ist die Farbe der Wandlung; es regt uns an, außerdem bringt es uns unsere Lebensfreude und Energie zurück. Kathartische Träume sind oft in Orange gehalten.
- Rosa finden wir vorwiegend in telepathischen Träumen, die oft in einen fast unmerklichen rosagoldgelben Schein gehüllt sind. Rosa steht für die Herzensflamme; es ist die Farbe des inneren Herzens, des Vertrauens, des Urvertrauens, der tiefen Herzensliebe und erscheint in allen Angelegenheiten des Herzens.
- Rot ist die Farbe des Feuers und der Energie. Es ist die Signal- und Warnfarbe schlechthin, und das gilt auch für unsere Träume. Rot beinhaltet oft eine Vorwarnung im Sinne von: »Wenn du so weitermachst …« Rot ist verbunden mit Aktivität, Tatkraft, Macht und Kontrolle. Es kann uns darauf hinweisen, dass wir kontrolliert und/oder dominiert werden oder selbst Kontrolle, Dominanz und Macht ausüben. Wenn Rot im Traum auftritt, so heißt es, innezuhalten und die Warnung oder Botschaft zu beachten. Es ist eine Farbe der Wandlung und der Grenzen, auch der Wut, der Ahnen, des Blutes. Außerdem kann es als starke Heilfarbe auftreten, etwa wenn etwas Rotes aus uns heraustritt. Rot

steht auch für die Lebensenergie, Erneuerung und Kraft. Erscheint Rot in unseren Träumen, sollten wir diese in jedem Fall beachten und genauer unter die Lupe nehmen.

- Schwarz ist die Farbe der Abgrenzung, der Selbsterfahrung. Albträume sind oft sehr dunkel, fast schwarz. Dadurch wird unser Sichtradius stark beeinträchtigt, und ein Ereignis, das sich vor diesem Hintergrund abspielt, wird deutlich hervorgehoben. Schwarz kann Angst, Enge und mangelnde Energie anzeigen, aber auch eine hohe Konzentration. Karmische Träume können sich ebenfalls in Schwarz bis Violett zeigen. Doch hinter jedem Schatten verbirgt sich ein Licht, das entdeckt werden möchte. Es ist gut, Licht in seine Angelegenheit zu bringen, sich seinen Schatten zuzuwenden und sie eingehend zu betrachten, damit sie ihre Macht über uns verlieren und die dahinter liegende Fähigkeit freigesetzt werden kann. Schwarze Wesen können Krankheiten ankündigen, schwarze Flecken auf der Kleidung stehen für üble Nachrede …
- Türkis ist dem Element Wasser zugeordnet und eine starke Heil- und Schutzfarbe. Es wird uns von göttlicher Seite gesandt und hilft uns, unser Immunsystem zu stärken und Heilung zu erfahren.
- Violett ist in Träumen die Farbe der Wandlung, des Gesetzes und des Karmas. Wenn wir in Violett träumen, so möchte etwas in uns Erlösung finden und Freiheit erlangen. Bänder, Schnüre, Fesseln können im Traum oft violett erscheinen, aber auch Landschaften, und Orte, ebenso Kleidung. Dies ist ein Zeichen für alte Verstrickungen, die gelöst werden möchten, und zwar durch Vergebung, aber auch für Dinge, welche durch den Traum schon am Sich-Auflösen sind.

Flieder ist die Farbe der Barmherzigkeit und Gnade. Träumen wir in Flieder, so erfahren wir Gnade.

- Weiß ist die Farbe des Wassers, des Äthers, der Luft und des geistigen Feuers. In Träumen steht es mit Heilung, Frieden, Ruhe, Unschuld, Reinheit, Reinigung und Regeneration in Verbindung. Im weißen Licht findet etwas in uns Frieden, Ruhe, Erhöhung. Weiß kann Neuerungen ankündigen, Botschaften von geistiger Ebene übermitteln; Klarträume sind oft in Weiß bis Gold gehalten.
- Braun ist die Farbe der Erde und damit der Wandlung. In der Erde wird Altes zersetzt, damit Neues entstehen kann.

Richtungen im Traum

Im Traum hat es eine Bedeutung, woher der Wind weht und aus welcher Richtung die Dinge zum Träumer kommen, in welche Richtung sie weisen und wohin sie sich bewegen. Auch dafür kann man sich sensibilisieren.

Oben: Kommen Dinge von oben, ist das ein Hinweis auf das Schicksal, das uns lenkt, oder auf Spirits, Engel, Meister …, die uns leiten.

Mitte: Tritt etwas aus uns heraus, so ist das unsere eigene Bewegung. Geht etwas in uns hinein, dann kommt es von außen.

Unten: Dinge von unten verweisen auf Kraft, das Unterbewusstsein, die Ahnen, die Natur, versteckte Fähigkeiten, Schatten, das Totenreich, den Höllenbereich.

Links: Dinge auf der linken Seite zeigen, dass Gefühl, Weiblichkeit und Passivität im Spiel sind, außerdem ist es ein Hinweis darauf, dass wir weggehen – nach innen.

Rechts: Dinge auf der rechten Seite deuten auf Verstand, Männlichkeit, Aktivität hin, außerdem zeigen sie, dass wir irgendwo hingehen, nach außen gehen.

Vorn: Alles, was sich von vorn nähert, stammt aus der Zukunft, kommt auf uns zu.

Hinten: Das, was von hinten kommt, stammt aus der Vergangenheit.

Osten: Etwas, was uns aus dem Osten erreicht, kündigt von Neuanfang, Neuankündigung, Morgenröte, Sonnenaufgang, Luft, Inspiration.

Westen: Dinge aus dem Westen verweisen auf den Sonnenuntergang, das Wasser, das Totenreich, Ahnungen, Visionen; sie zeigen an, dass wir gehen, in neue Bereiche aufbrechen.

Norden: Erreicht uns etwas aus dem Norden, sind Rückzug, Einkehr, Konzentration, Stille, Meditation, Materialisation, Erde angesagt.

Süden: Dinge aus dem Süden stehen für Feuer, Lebensenergie, Kindheit …

Erklärung für Träume, die Krankheiten anzeigen

Krankheit ist ein Ungleichgewicht der Energien.
Hippokrates von Kos,
Arzt im antiken Griechenland

Hier möchte ich nur einen kleinen Einblick geben in die Zusammenhänge zwischen Traumbildern, Krankheiten und Organen. Krankheit wird dadurch verursacht, dass unser Energiehaushalt aus dem Gleichgewicht geraten ist.

Krankheit ist …
- … ein Zuviel an Energie, das wir nicht kanalisieren können.
- … ein Zuwenig an Energie, sodass wir nicht die volle Kraft haben, Dinge zu meistern.
- … ein Durcheinander an Energie, das in uns Verwirrung erzeugt und unsere Energie zerstreut.

Ziel einer Heilung ist es, zwischen den verschiedenen Kräften, die auf uns einwirken, ein Gleichgewicht herzustellen. Mit folgender Vorgehensweise und den dazugehörigen Fragen kannst du dich an das herantasten, was hinter einer organischen Erkrankung steht:

- Welche Symptome liegen vor?
- Was hast du dazu beigetragen, diese Symptome hervorzurufen?
- Wodurch findet eine Verschlechterung statt?
- Was bietet dir diese Krankheit? Welche Vorteile ziehst du daraus?
- Was verändert sich für dich, wenn du ganz gesund bist?
- Was hast du geträumt bzw. was träumst du?

Wir haben verschiedene Möglichkeiten, das Gleichgewicht wiederherzustellen. Dabei ist es wichtig, übergreifend auf allen Ebenen zu handeln, insbesondere aber, bestimmte Maßnahmen zu ergreifen, die im ursächlichen Bereich ansetzen. Folgende Punkte sollten wir also überprüfen:

- Ernährung
- Lebenswandel
- Medizin (körperliche Behandlung)
- Therapie (seelische Behandlung)

In Träumen erhalten wir wichtige Hinweise. Dort zeigt sich der Lebenswandel, und Ursachen und Erklärungen für eine Krankheit treten zutage. Wenn ein Mensch krank ist, können seine Traumbilder bestimmte Verknüpfungen aufdecken und Probleme mit bestimmten Organen offenbaren.

> Auge/Sehen – Leber: Leberprobleme zeigen sich im Traum dadurch, dass wir nicht klar sehen, dass es nebelig ist, dass Dunkelheit herrscht; so liest man z. B. ein Buch und kann den Text nicht erkennen.

Mund/Geschmack – Herz: Herzprobleme äußern sich im Traum z. B. durch unangenehme Geschmackserlebnisse (= Unausgewogenheit im Herzen), fehlende Geschmacksempfindung (= Herzprobleme), des Weiteren durch ein Gefühl von Enge – wir wollen uns bewegen, aber es geht nicht –, Druckgefühle – uns liegt etwas schwer auf der Brust – und Klaustrophobie – wir wollen schreien, aber es geht nicht.

Ohr/Gefühl – Nieren: Die Nieren hängen mit der Welt der Klänge zusammen. Nierenprobleme erkennt man im Traum daran, dass man nichts hören kann, sich taub fühlt oder eigenartige Töne hört. Sie hängen mit dem Wassersystem des Körpers zusammen und verweisen auf emotionale Blockaden wie tief sitzende Schuldgefühle, belastende Geheimnisse, »Leichen im Keller«, alte Ängste. Ängste ganz allgemein sind mit den Nieren verbunden (starke Verlustangst).

Nase/Geruch – Lunge: Lungenprobleme zeigen sich im Traum durch Atemschwierigkeiten, Ersticken (z. B. durch Rauch) und sind ein Hinweis auf energetische Verbindungen, die zu eng sind, die einem keinen Raum zum Atmen lassen.

Haut/Berührung – Milz: Milzprobleme offenbaren sich im Traum durch einen Mangel an Empfindungen bei Berührungen oder in aggressiven Berührungen durch scharfe, stechende Objekte.

Darüber hinaus sind folgende Organe und Elemente energetisch miteinander verbunden:

Leber, Gallenblase – Holz: Träume von vertrockneten Wäldern, Bäumen, Wurzeln können auf eine Störung der Leber hinweisen. Dinge können nicht mehr gewandelt werden. Sie müssen so akzeptiert werden.

Herz, Dünndarm – Feuer: Zu Träumen, in denen wir unter Hitze leiden, kommt es, wenn wir alte Erinnerungen nicht verdauen können, wenn unser Herz seelisch belastet ist.

Nieren, Blase, Lymphsystem, Sexualorgane – Wasser: Träume von verschmutztem Wasser, von schwarzen Tieren im Wasser verweisen auf aufgestaute alte Emotionen wie Wut.

Milz, Magen – Erde: Wenn im Traum die Erde in einem schlechten Zustand ist, Löcher und Risse aufweist, Dinge nicht im rechten Maß erscheinen, dann zeigt das ein Ungleichgewicht der Kräfte und dass etwas nicht verdaut werden kann.

Lunge, Darm (Dickdarm) – Metall: Im Traum erscheinen metallene Gegenstände im Körper und physische Angriffe als Hinweis auf nicht verheilte alte Wunden. Sie können ebenfalls auf Unausgesprochenes hinweisen und auf Dinge, welche nicht verdaut oder zu Ende gebracht worden sind.

Träume, die Schwerkranke träumen und die den Tod ankündigen können

Die nachstehende Auswahl zeigt Deutungen für Traumsymbole, die nur gelten, wenn ein Mensch schwer krank ist, und selbst dann sind andere Auslegungen möglich. Ich möchte mit dieser Aufstellung nur die Vielschichtigkeit von Traumsymbolen aufzeigen.

- Blumen, Bäume, die aus dem Kopf wachsen: Wenn aus dem Kopf eines Patienten Blumen und Bäume wachsen oder sich Nester darauf zeigen, so bedeutet dies, dass das Kronenchakra nicht mehr richtig arbeitet – das Gehirn stellt seine Funktion ein.
- Blumen, Bäume, Dornen, die aus dem Herz treiben: Bei einem Erkrankten zeigt das, dass aus diesem Bereich Energie austritt – das Herzchakra ist dysfunktional, das Herz setzt aus.
- Feuer-Puja, letzte Ölung: Riten wie diese im Traum können für Abschiedsrituale stehen und den baldigen Tod ankündigen.
- Fuchs, Affe, Katze, Nacktheit, Süden, Westen: Wenn ein Kranker auf einem Fuchs, einem Affen, einer Katze … nackt in Richtung Süden oder Westen reitet, kündigt dies seinen Tod an.
- Großer Fisch: Träumt ein Leidender, dass er von einem großen Fisch gefressen wird, kann das bedeuten, dass seine Lebenskraft zu Ende geht.
- Gold: Wenn bei einem Erkrankten im Traum Gold zum Vorschein kommt, kann es für ihn die baldige Erlösung von der Krankheit durch den Tod ankündigen.

- Kopf-, Brust-, Herzverletzungen: Bei Patienten sind Verletzungen an diesen Stellen ein Hinweis auf sehr tiefe innere Wunden.
- Öl trinken, im Wasser versinken, Sonne und Mond herabstürzen sehen: Erblickt ein Erkrankter diese Phänomene im Traum, können dies Anzeichen für den herannahenden Tod sein.
- Rote Kleidung: Träumt ein Leidender, dass er rot gekleidet mit einem Toten tanzt, wird er womöglich bald mit seinen Ahnen vereint sein.
- Verstorbene Verwandte: Wird ein Kranker im Traum von verstorbenen Verwandten zum Essen eingeladen, tanzt er mit ihnen und pflegt einen engen Kontakt, kann das ein Hinweis auf seinen bald bevorstehenden Tod sein.
- Zahnausfall: Zahnausfall kann auf einen baldigen Tod hinweisen.

Wir können die Träume als Hilfsmittel einsetzen, um mentale Blockaden zu lösen. Sind Krankheiten allerdings karmischen Ursprungs, also infolge von Taten entstanden, die nicht unbedingt in diesem Leben begangen wurden, so können wir ihre Ursachen nicht ändern, die in der Substanz unseres Körpers gespeichert sind. Allerdings können wir die Begleitumstände ändern, welche die Entfaltung der Krankheiten fördern. Denn es gibt Umstände, die den karmischen Samen wachsen lassen, und andere, die verhindern, dass er heranreift – wenn wir einer Pflanze das Wasser entziehen, kann sie nicht weiterwachsen.
Wenn uns unsere Träume wissen lassen, dass etwas einen schlimmen Ausgang nehmen wird, so erhalten wir damit eine Gelegenheit, auf unser Karma, unser Schicksal, einzuwirken. Wir können das Heranreifen des karmischen Samens abwen-

den, indem wir ihm den Nährboden entziehen. Dazu gibt es verschiedene Wege: die Umgestaltung unserer Wohn- und Arbeitsräume, eine Ernährungsumstellung, die Veränderung unserer Einstellung zu den Dingen; uns im Verzeihen üben, statt unseren Groll aufrechtzuerhalten; anerkennen, was ist; unsere Träume wahrnehmen und positiv verändernd in unser Leben eingreifen …

Grundsätzlich gilt es, bei Träumen eine goldene Regel zu beachten:

> Über Heilungsträume sollte man nicht reden, damit die Energie gebündelt bleibt. Es ist hingegen gut, über schlechte Träume zu reden, denn dann können sich Blockaden und Schwächen auflösen – wir nehmen die Energie heraus.

Ein Schamane verhandelt auf der Traumebene mit den krankheitsverursachenden Geistern. Er kann dort auch mit der Energie des Patienten Kontakt aufnehmen und zusammen mit dem Patienten die Heilkräfte anregen, die jedem von uns innewohnen. Er betrachtet sich die Situation aus einem übergeordneten Blickwinkel. Die Anweisungen, die er aus der geistigen Welt mitbringt, können alle Bereiche des Lebens umfassen und den Horizont unseres Alltagsbewusstseins manchmal übersteigen. Sie können allerdings sehr heilkräftig sein, wenn sie ausgeführt werden.

Wissenswertes über den Schlaf

Ist ein Mensch gesund, so träumt er logisch, die Reihenfolge stimmt, die Geschehnisse sind schlüssig, die Aussagen klar. Der Traum fördert die Erholung. Ist eine Person erkrankt, so stellen sich verwirrende Träume ein. Je schlimmer die Entstellung des Traums, desto gravierender ist demzufolge das Leid.

Hippokrates von Kos,
Arzt im antiken Griechenland

Wir haben gesehen, dass der Traum unser seelisches Befinden widerspiegelt. Bestimmte Abweichungen im Schlafverhalten und Entstellungen im Traumgeschehen können seelische Leiden, Stress und Krankheiten anzeigen. Deswegen möchte ich hier noch ein paar allgemeine Hinweise zum Schlaf geben.

Wieviel Schlaf braucht ein Mensch?

Für einen gesunden Menschen beläuft sich die durchschnittliche Schlafdauer auf sieben bis acht Stunden (wir brauchen ungefähr 10 bis 15 Minuten zum Einschlafen). Gemäß wissenschaftlichen Studien reichen fünf Stunden Tiefschlaf aus, um für den nächsten Tag erholt zu sein. Menschen, die voller Energie sind und spirituell arbeiten –, also meditieren und andere spirituelle Übungen ausführen – brauchen meist deutlich weniger Schlaf als der Durchschnitt; ihnen reichen oft vier Stunden.

Was sind Schlafstörungen?

Körperliche und seelische Leiden beeinflussen Schlaf und Traum negativ. Von Schlafstörungen sprechen wir …

… wenn wir sehr lange brauchen, um einzuschlafen.
… wenn wir in der Nacht häufig aufwachen.
… wenn wir deutlich vor der Weckzeit hellwach sind.
… wenn die Schlafdauer über zwölf Stunden liegt und wir danach trotzdem müde sind und uns zerschlagen fühlen.
… wenn wir zu viele wirre Träume oder gar keine Träume haben.

Chronische Schlafstörungen – also Störungen, die über einen langen Zeitraum immer wiederkehren – werden als Agrypnie bzw. Insomnie bezeichnet, leichte Schlafstörungen, die mit einer momentanen seelischen Belastung einhergehen, als Dyssomnie. Ist die tägliche Leistungsfähigkeit trotz der Abweichungen von den bekannten Durchschnittswerten nicht eingeschränkt, fühlen wir uns am Tag gut, so besteht kein Anlass, etwas am Schlaf zu verändern. Der Maßstab für das Ergreifen von Maßnahmen ist: Bin ich am Morgen fit oder nicht?

Unruhiger Schlaf (Schlafapnoe)

Unruhiger Schlaf, ständiges Unausgeschlafensein, ungewolltes Einschlafen am Tag, Schnarchen, Atemaussetzer u. Ä. weisen auf einen ungesunden Lebenswandel hin. Dadurch kann die Seele ihr Gleichgewicht nicht finden. In diesem Fall ist es wichtig, das Essverhalten, Bewegungsgewohnheiten und die Ausrichtung der Aufmerksamkeit zu beobachten und gegebenenfalls zu verändern. Wenn wir Ausgewogenheit in unseren Tagesablauf hineinbringen, so wird sich dies auch im Schlafverhalten widerspiegeln.

Zu viel Schlaf (Narkolepsie)

Wenn jemand ständig schläft, bedeutet dies, dass er unter Energiemangel leidet. Man könnte ihn auch als des Lebens müde bezeichnen. Ein solcher Mensch benutzt den Schlaf als eine Art Flucht vor dem Leben, weil er in irgendeiner Weise traumatisiert wurde. Er möchte nicht hier sein und »beamt« sich mit dem Schlafen aus dieser Welt hinaus. Obwohl er viel schläft, ist er weder erholt noch kraftvoll oder gar voller Energie.

Bei diesem Krankheitsbild ist es wichtig, dass man sich aktiv auf die Suche nach seiner Kraft begibt. Allerdings sollte man sich darüber im Klaren sein, dass innere Prozesse viel Zeit brauchen. Seelenrückholung, Gesprächstherapie, Familienaufstellungen … können helfen, das Trauma zu lösen und die Lebensenergie zurückzugewinnen.

Schlafwandeln (Somnambulismus)

Das Schlafwandeln ist noch immer ein wenig erforschtes Phänomen, wiewohl es in unserer Gesellschaft als Anomalie und Krankheit gilt, zumal es für den schlafwandelnden Menschen auch sehr gefährlich werden kann. Es hängt oft mit den Mondphasen zusammen und tritt am häufigsten bei Vollmond auf. Meist findet es im ersten Drittel der Nacht statt und kann bis zu einer Stunde andauern. Der Schlafwandler verlässt sein Bett und wandert in der Gegend umher; am nächsten Morgen kann er sich in der Regel nicht mehr an seine nächtliche Rastlosigkeit erinnern. Er hat oft einen leeren, starren Gesichtsausdruck und folgt stur einer Lichtquelle, vorwiegend dem Mondlicht.
Mit unglaublicher Sicherheit und einer guten inneren Führung spaziert der Schlafwandelnde über Hausdächer und entlang gefährlicher Klippen. Er darf in solchen Situationen keinesfalls geweckt werden, da er sonst erschreckt aufwachen und sich schwer verletzen könnte. Der Traumkörper, Astralkörper, bleibt mit dem physischen Körper während des »Schlafens« fest verbunden. Der Schlafwandler merkt jedoch nicht, dass er seinen physischen Körper auf seinen Wanderungen mit sich trägt.
Schlafwandler sind Suchende – sie suchen das Licht, ihre geistige Heimat, ihr wirkliches Zuhause, sich selbst. Sie wissen, dass das, was sie im Alltag sehen, hören, fühlen, nicht alles ist,

dass es mehr gibt, als man gemeinhin glaubt. Sie haben einen untrüglichen Instinkt und eine starke innere Führung. Meine persönliche Erfahrung hat gezeigt: Wenn ein Schlafwandler anfängt, sich seiner geistig-spirituellen Natur zu öffnen, wenn er seine wahre Kraft entwickelt und sich speziell dem Träumen öffnet, dann hört das Schlafwandeln auf. Er kommt bei sich an. Es ist die Suche nach der geistig-spirituellen Heimat.

Überflutung mit Traumbildern

Es gibt Menschen, die schließen die Augen und werden regelrecht von Traumbildern überschwemmt. Sie können im Traum einfach nicht abschalten. Dies sind oft Menschen, die ihre persönliche Kraft nach außen gerichtet haben und sehr viel im Außen unterwegs sind. Sie nehmen tagsüber so viel auf, dass sie nachts von den gespeicherten Eindrücken überflutet werden. Diese Menschen sollten sich verschiedener Entspannungstechniken bedienen, mit denen sie lernen, ihre Gedanken abzuschalten. Es ist wichtig, dass sie Zeit mit sich allein und in der Natur verbringen, dass sie sich immer wieder – auch während des Tages – Zeit nehmen, die äußeren Eindrücke zu verarbeiten, dass sie sich dem Leben und den Fragen bewusst zuwenden: Was möchte ich in meinem Leben wirklich tun? Welches Lebensziel habe ich? Was bedeutet für mich Glücklichsein? Wie kann ich meinen Lebenstraum verwirklichen? Welche Talente kann ich in die Welt bringen?

Dinge, die einen gesunden Schlaf fördern

Wenn wir einen gesunden Lebenswandel praktizieren, dann haben wir auch einen gesunden Schlaf. Es ist wichtig, am Tag munter zu sein und aufmerksam mit sich selbst umzugehen, auf seinen Umgang, seine Ernährung, seine Bewegung und seine Erholungsphasen zu achten. Hier nur ein paar Tipps für einen erholsamen Schlaf.

Wie du gesät hast, so wirst du ernten.
Marcus Tullius Cicero, Staatsmann im antiken Rom

- Atem: Atme mehrfach am Tag tief und entspannt ein und aus.
- Beten: Beten dient der inneren Ausrichtung; wir rufen damit unsere höheren Kräfte an unsere Seite.
- Bilder: Bilder von Engeln, Meistern, höheren Wesen, außerdem Dinge, die uns wohltun – in der Nähe unseres Bettes platziert –, fördern einen ruhigen Schlaf.
- Entspannung: Entspannungsformen wie Yoga, Meditation, Progressive Muskelentspannung, Tai Chi begünstigen einen gesunden Schlaf.
- Farben: Blau und Weiß unterstützen einen guten Schlaf. Sie stehen u. a. mit Schutz, Innenschau, geistiger Führung, Lebensenergie in Verbindung. Wir können uns mit diesen Farben umgeben, z. B. mit einem Schlafanzug, Bettwäsche, Wänden, einem Tuch in der gewünschten Farbe oder uns vor dem Einschlafen auf die Farbe unserer Wahl konzentrieren.

- Frische Luft und Bewegung: Beides fördert einen gesunden Schlaf.
- Kerze: Kerzenlicht ist natürliches Licht; es trägt zur Entspannung bei. Wenn du eine Kerze als Nachtlicht in deinem Zimmer aufstellst, achte jedoch darauf, dass sie einen sicheren Platz hat und nichts passieren kann, insbesondere nachdem du eingeschlafen bist.
- Kräuter: Lavendel, Hopfen, Melisse, Passionsblume, Baldrian, Geranie – dies sind Pflanzen, die den Schlaf fördern. Sie können geräuchert, als ätherische Öle in die Duftlampe gegeben oder auf den Körper aufgetragen werden, z. B. auf die Handgelenkinnenseiten oder die Fußsohlen. Wir können sie auch bei einem Entspannungsbad, etwa 30 Minuten vor dem Zubettgehen genommen, einsetzen, außerdem als Kräuterkissen oder Gutenachttee.
- Liebe: Lieben und Geliebtwerden geben Geborgenheit und Sicherheit. Gesten der Liebe fördern den Schlaf – ein liebes Wort, der Gutenachtkuss, eine liebevolle Geste, wie Streicheln, Loben ... Wenn man allein ist, hilft auch die Vorstellung von Liebe, z. B. indem man sich ausmalt, dass man von den Armen der großen Mutter sicher gehalten und von ihr in den Schlaf gewiegt wird.
- Mudra: Es gibt ein Mudra (eine Handhaltung), das den Schlaf fördert. Dazu führt man die Kuppen von Daumen und Zeigefinger der rechten Hand zusammen, außerdem die Kuppen von Daumen und kleinem Finger der linken Hand, die anderen Finger bleiben locker und leicht gebeugt. Dann konzentriert man sich auf den feinen Energiestrom und hält das Mudra zehn Minuten lang. Man kann es am Tag mehrere Male wiederholen.

- Musik: Ruhige Entspannungsmusik kann zu einem gesunden Schlaf beitragen.
- Nahrungsmittel: Dem Schlaf förderliche Nahrungsmittel sind Bananen, Kartoffeln, Sojabohnen, Erdbeeren, Mangos, Broccoli, Blumenkohl, Wirsing, Roggen, Hafer, Gerste, Reis, warme Milch mit Honig, Nüsse und Äpfel. Gesunde ausgewogene Ernährung im Allgemeinen kann einen gesunden Schlaf fördern.
- Reflexion: Es trägt zu deinem ruhigen Schlaf bei, wenn du am Abend, vor dem Schlafengehen, den Tag aufarbeitest und dann gehen lässt. Lobe dich selbst für das, was gut war. Du erhältst viele neue Gelegenheiten, aus Fehlern zu lernen und die dadurch gewonnenen neuen Erkenntnisse anzuwenden.
- Reizstoffe: Es empfiehlt sich, ab mittags Reizstoffe wie Nikotin, Kaffee oder Alkohol zu vermeiden.
- Rohkost: Um ruhig zu schlafen, sollte man ab 16 Uhr Rohkost meiden, da deren Verdauung um so mehr Gärung erzeugt, je später am Tag sie gegessen wird.
- Schlafplatz: Leidet man unter Schlafstörungen, so sollte der Schlafplatz auf kalte Außenwände, radiästhetische Störungen, wie Wasseradern, Strahlenbelastung durch Antennen, Elektrosmog etc., und energetische Verunreinigungen hin untersucht werden.
- Schlafrituale: Schaffe dir ein Schlafritual; ein Ritual gibt uns Sicherheit und bereitet uns auf das Einschlafen vor (siehe Traumpraxis: Vorbereitung auf den Schlaf).
- Schwere Kost: Nach 18 Uhr sollte man keine fettreiche und schwere Kost mehr essen, das belastet den Organismus zu sehr, und die Aktivitäten des Verdauungsapparates stören den Schlaf.

Traumpraxis

Bild: Gabriele Zeiss

Es ist nicht genug, zu wissen, man muss es auch anwenden.
Es ist nicht genug, zu wollen, man muss es auch tun.
Johann Wolfgang von Goethe,
deutscher Dichter

Das Traumtagebuch

Halte deine Träume fest, denn wenn sie sterben,
gleicht das Leben einem Vogel
mit gebrochenen Flügeln,
der sich nicht mehr in die Lüfte schwingen kann.
Langston Hughes, amerikanischer Schriftsteller

Führe ein Traumtagebuch; widme es deinen Träumen. Lege es neben dein Bett, und schreibe am Morgen nach dem Aufwachen kurz deine Erinnerungen an das, was du geträumt hast, nieder. Auch deine Tagträume kannst du darin festhalten.

Unterteile dein Traumtagebuch in zwei Abteilungen: eine für die Träume, eine für die Symbole, die in deinen Träumen auftauchen. Die Symbole kannst du unterteilen in für dich positive Symbole mit positivem Ausgang (PP), positive Symbole mit negativem Ausgang (PN), negative Symbole mit positivem Ausgang (NP) und negative Symbole mit negativem Ausgang (NN). Wichtig für deine Einstufung ist dabei immer: Wie geht es dir morgens gleich nach dem Aufwachen? Fühlst du dich fit und vital oder matt und erschöpft?

Es ist nicht notwendig, jeden Tag diszipliniert alles aufzuschreiben. Doch immer, wenn ein Traum für dich besonders wichtig war oder du dich besonders gut an ihn erinnern kannst, dann ist es gut, alles niederzuschreiben, woran du dich erinnerst. Träume sind ein Gradmesser dafür, ob wir auf dem richtigen Weg sind, und zugleich sind sie Wegweiser.

Es gibt Schlüsselinformationen, die du beim Aufschreiben abfragen kannst:

1. Welche Art von Traum war es? (Wunschtraum, Albtraum, Klartraum …)
2. Welche Menschen kamen in dem Traum vor?
3. Welches Umfeld und welche Schauplätze waren die Grundlage des Traums?
4. Welche Symbole (Fakten, Zahlen, Formen) tauchten in dem Traum auf?
5. Hast du in Schwarzweiß oder in Farbe geträumt? Wenn du Farben geträumt hast: Welche waren es? Welche herrschten vor? Wie stark war ihre Brillanz?
6. Welche Gefühle hattest du in deinem Traum?
7. War die Handlung logisch oder chaotisch?
8. Stand dein Traum im Zusammenhang mit den Geschehnissen des vorangegangenen Tages? Was genau war am Tag davor passiert? Welche Eindrücke hattest du am Tag gesammelt? Welches Thema, welche Frage hatte dich innerlich stark beschäftigt?
9. Welche Botschaft kannst du in deinem Traum für dich erkennen?
10. Was von dem, was du geträumt hast, ist es wert, in der Realität geprüft zu werden? Wenn wir z. B. von einem Menschen geträumt haben, so können wir ihn anrufen und fragen, wie es ihm geht, und ihm sagen, dass wir in der Nacht von ihm geträumt haben. Oft werden wir feststellen, dass das, was wir im Traum gesehen haben, die seelische Befindlichkeit des uns oft nahestehenden Menschen ziemlich genau widerspiegelt. Es ist auch sinnvoll, geträumten Daten, Zahlen, Fakten, Symbolen, die sich im Traum

zeigten, auf den Grund zu gehen, denn oft verstecken sich darin hilfreiche Wegweiser für unseren nächsten Schritt.

11. Welcher Spur solltest du folgen? Wenn wir den Spuren, die der Traum in uns hinterlässt, in der Realität folgen, und zwar dort, wo es uns richtig erscheint, beginnen wir, die Brücke zwischen Traum und Wirklichkeit zu schlagen. Damit schaffen wir ein Feld, das es uns ermöglicht, Trauminhalte zu verstehen und unsere Träume wahr werden zu lassen.

Falls du Bilder, Landschaften, Gebäude, Fahrzeuge, Kleidung, Symbole … träumst und nach dem Aufwachen noch vor deinem geistigen Auge siehst, kannst du sie auch in dein Traumtagebuch malen. Ein Bild kann auch eine Atmosphäre wesentlich präziser erfassen als jedes Wort.
Wenn deine Aufmerksamkeit bei deinen täglichen Notizen mehr auf dem Traumgeschehen liegt, wirst du merken, wie du allmählich eine immer größere Sensibilität für die feinen Unterschiede im Traum entwickelst und wie die Sprache deiner Träume immer verständlicher für dich wird. Lass dich einfach führen. Beim Schreiben wirst du die Erkenntnisse, die für dich wichtig sind, immer klarer erkennen.
Du kannst in deinem Traumtagebuch auch Übungen und deren praktische Umsetzungen notieren, ebenso Fortschritte, Rückschläge und andere Erfahrungen. Diese Notizen können zu einem späteren Zeitpunkt hilfreich sein. Manchmal geschieht im Traum etwas, was wir nicht gleich verstehen; zu einem späteren Zeitpunkt wird uns jedoch klar, was es zu bedeuten hatte. Dann können wir auf unsere Notizen zurückgreifen und die Realität in der Rückschau überprüfen; das verschafft uns für unsere Traumdeutungspraxis einen immer solideren Erfahrungsschatz.

Heute sage ich euch, meine Freunde, trotz der Schwierigkeiten von heute und morgen habe ich einen Traum. Es ist ein Traum, der tief verwurzelt ist im amerikanischen Traum. Ich habe einen Traum, dass eines Tages diese Nation sich erheben wird und der wahren Bedeutung ihres Credos gemäß leben wird: »Wir halten diese Wahrheit für selbstverständlich: dass alle Menschen gleich erschaffen sind.«

Martin Luther King,
amerikanischer Bürgerrechtler

Vorbereitung auf den Schlaf

Es geht nicht nur darum, die Träume der Nacht zu beachten, es geht auch darum, den Lebenstraum zu verwirklichen, ihn Wirklichkeit werden zu lassen. Denn in diesem Traum wohnt unsere Bestimmung.
(Quelle unbekannt)

Es gibt einige Vorbereitungsmaßnahmen, die wir ergreifen können, um uns einen gesunden, erholsamen Schlaf zu sichern:

Reflexion/Abschließen des vergangenen Tages

Trage deinen Zorn niemals bis zum Zubettgehen mit dir herum. Wenn du in der Lage bist, die Gefühle von Ungerechtigkeit, Mangel und Wut am Ende des Tages abzulegen und anderen und dir selbst für manche Unzulänglichkeiten zu verzeihen, so bist du auf dem Weg zu einem größeren inneren Frieden und zu wahrem Glück. Nimm dir also etwas Zeit für dich, bevor du dich zu Bett begibst. Denke über den Tag nach: Was hat dich bewegt? Wenn du den Tag am Abend bewusst aufarbeitest, musst du nicht die »Traumzeit« dafür nutzen.

Hier eine kleine Übung dazu: Spule den Tag im Geiste rückwärts ab. Betrachte ihn wie einen Film. Schaue, was gut war und was weniger gut war. Erinnere dich, wie du dich gefühlt hast, erforsche, was du zu ändern wünschst. Dann zünde eine Kerze an. Blicke eine Zeit lang in die Flamme. In dem Maße, wie die Hitze das Wachs zum Schmelzen bringt, sende Licht und Segen in den vergangenen Tag. Bei dem, was nicht gut war, kannst du dir vorstellen, wie violettes Feuer auflodert und alle negativen Gefühle und Situationen reinigt, bis sie in ruhiges weißgoldenes Licht getaucht sind. Atme alles Negative aus, und nimm mit jedem Einatmen positive, klare, lichtvolle Energie voller Liebe, Freude, Glück, Fülle und Frieden in dich auf. Mache die Übung so lange, bis du das Gefühl hast, es ist getan. Entspanne dich ganz und gar – in einem völlig entspannten Körper kann es kein negatives Gefühl geben.

Waschungen/Warmes Fußbad, Fußsalbung

Wenn der Tag besonders anstrengend war, dann ist es gut, abends eine Dusche zu nehmen und sich dabei vorzustellen, wie Stress und Negatives von einem abgespült werden, wie man vom Wasser durch und durch gereinigt wird. Anschließend fühlt man sich befreit und klar. Sehr wirkungsvoll in dieser Hinsicht ist übrigens auch ein Salzbad (Meersalz, Badesalz, Salz vom Toten Meer).

Tagsüber wandeln wir mit den Füßen auf der Erde, nachts wandeln wir im Traumland. Die Füße stehen mit dem Reich der Träume in Verbindung, denn dort berühren sich Himmel und Erde tatsächlich und weben den gemeinsamen Abdruck. Die Füße sind dem Sternzeichen Fische zugeordnet, das mit dem Mond und dem Element Wasser und damit der Kraft der Träume in Verbindung steht. In die Zeit der Fische, 21.2.–21.3., fallen die Jahresfeste Imbolc (Lichtmess) und Ostara (Ostern), anlässlich deren man feiert, dass sich die Erde bereit macht, den Samen des Lichtes erneut in die Welt zu bringen. Die spirituelle Kraft der Erde ist zu dieser Zeit am stärksten, da sich das Licht in die Materie einwebt, um neu geboren zu werden. Es ist die Zeit der Vorbereitung und Auferstehung.

Um uns bewusst auf das Betreten der Traumwelt vorzubereiten, können wir abends vor dem Zubettgehen ein warmes Fußbad nehmen und uns vorstellen, wie der Dreck des Tages aus all unseren Körpern durch unsere Füße abfließt. Die Füße werden dabei warm, und somit wird unser ganzer Körper gewärmt und genährt. Wir können die Füße auch mit einer wärmenden Fußsalbe oder warmem Öl massieren. Warme Füße wärmen den Körper und erleichtern das Träumen und Entspannen.

Wasser trinken

• • • • •

Wasser steht mit dem Träumen in Verbindung. Lauwarmes Wasser spült den Magen durch und versorgt den Körper ausreichend mit Flüssigkeit für die Nacht. Wenn wir also regelmäßig vor dem Schlafengehen ein halbes Glas lauwarmes Wasser trinken, werden wir bald merken, dass sich unser Traumgeschehen intensiviert.

Schlafumgebung gestalten

• • • • •

Wir sollten die Umgebung, in der wir schlafen, so gestalten, dass nicht viel in das Traumgeschehen eingreifen kann und dass wir uns wohl und geborgen fühlen. Dazu gehört, dass wir z. B. Spiegel verhängen, um das Bett herum aufräumen, uns ein heilsames Bild aufhängen und uns mit Gegenständen umgeben, die uns Kraft schenken.

Sich in weißes Licht hüllen

• • • • •

Das weißkristalline Licht ist ein universelles Licht. Es symbolisiert höchsten Schutz und wird oft als Nahrung der Seele betrachtet. Mystiker, Schamanen, Wahrheitssuchende und Heilige spüren und sehen weißes Licht bei ihren Übungen, Meditationen und Gebeten. Wenn es uns erfüllt, so ist unser Energiefeld genährt und versiegelt, wir begeben uns auf eine höhere

Ebene und schaffen damit ein höheres Resonanzfeld. Niedrige Schwingungen und Wesenheiten können dieses Feld nicht erreichen, da sie damit nicht in Resonanz stehen. Das weiße Licht hilft uns, zentriert, bei uns selbst und in Frieden zu bleiben. Rufe den Schutz des weißen Lichtes auf deine Weise herbei, z. B. indem du sagst: »Im Namen meiner Ich-Bin-Gegenwart (meines höheren Selbst, des Christus-Bewusstseins, des Höchsten) rufe ich die weiße Lichtsäule.« Stelle dir dabei so klar und deutlich wie möglich vor, wie das Göttliche strahlendes, leuchtendes, funkelndes weißkristallines Licht herabschickt. Es strahlt und glitzert wie eine schneebedeckte Landschaft im Winter, wenn die Sonne darauf scheint. Sieh, wie dieses Licht immer kristalliner wird und sich im Umkreis von ca. drei Metern wie ein Energieschild um dich herum aufbaut. Du kannst dann die Affirmation sprechen: »Im Namen der göttlichen Gegenwart: Fließe, strahle, fließe, strahle, fließe, strahle! Fülle mein Energiefeld an, und lass alle Disharmonien hinausfließen – jetzt! Fülle mich an mit Harmonie, Frieden, Energie … Mein Energiefeld ist eingehüllt und geschützt im ewigen Sein.« Bitte deine Schutzengel, deine Spirits, dich gut durch die kommende Nacht zu führen.

Fragen

Prüfe vor dem Einschlafen: Gibt es etwas, was dich gerade beschäftigt? Ist da etwas, wofür du im Augenblick keine Lösung finden kannst? Dann frage; formuliere die Frage, auf die du eine Antwort wünschst. Wenn wir fragen, richten wir uns aus. Auf diese Weise beginnen wir, einen Teil des Traumgeschehens zu lenken.

Beten

Warum sich sorgen, wenn man beten kann?

Edgar Cayce, amerikanischer Heiler

Beten bedeutet, sich im Göttlichen zu betten, sich an die geistige Natur des Seins zu erinnern. Im Gebet können wir unsere Schutzengel oder das, was uns persönlich Kraft verleiht, bitten, uns zu beschützen und gut durch die Nacht zu geleiten. Am besten legt man dazu seine Hände auf das Herz oder faltet sie vor der Brust und spricht das, was einem in den Sinn kommt. Das nachfolgende Schutzgebet kannst du auch für andere sprechen, z. B. für deine Kinder.

Gebet zum Schutz

Geliebte göttliche Gegenwart.
Ich, ... (dein Name), bitte aus tiefstem Herzen die ewige Quelle in mir, mich jetzt in einen Mantel aus Licht zu hüllen, gewoben aus der Weisheit, dem Schutz, der Kraft und der Liebe Gottes (der Quelle, der Großen Mutter ...) – nicht nur zu meinem Schutz, sondern zum Schutz von allen. Möge ich darin eingehüllt werden und tiefe Heilung (Weisheit, Schutz ... das, was du gerade brauchst) erfahren. Möge jede Energie, die mit mir in Berührung kommt, durch die Liebe geheilt und geführt werden.
Ich danke aus tiefstem Herzen.

Der nächste Morgen

Sobald wir die Augen öffnen, öffnen wir die Fenster unserer Seele, und die Traumgedanken verschwinden. Die Gedanken der Außenwelt strömen in uns ein.
(Quelle unbekannt)

Damit du deine Träume auf dem Weg ins Erwachen nicht verlierst, kannst du folgende Maßnahmen ergreifen:

Suche dir einen Wecker, der dich nicht plötzlich und ruckartig aus dem Traumgeschehen reißt, sondern dich allmählich aus dem Schlaf holt. Wenn es dir möglich ist, schlafe auch ab und zu einmal, ohne dich vom Wecker aufwecken zu lassen.

Wenn du allmählich wach wirst, halte deine Augen geschlossen, denn wenn du die Augen öffnest, verflüchtigen sich die Träume. Fange mit geschlossenen Augen die Erinnerung an das letzte Gefühl und deine Traumgedanken ein.

Spüre in deinen Körper hinein. Was fühlst du? Wärme, Kälte, Verspannung, Entspannung, Schmerz … Wie fühlst du dich?

Notiere stichpunktartig und kurz deine Traumgedanken und dein Körpergefühl in deinem Traumtagebuch, dann stehe auf.

Geistige Ausrichtung oder Die Hallen der Weisheit

Es gibt »große Träume« und normale Träume. Die verschiedenen Traumarten haben wir bereits in ihrer Qualität und Auswirkung kennengelernt. Große Träume nun sind all jene Träume, die für uns bedeutsam sind und die wir nicht vergessen können, weil sie uns berührt und vielleicht auch unser Leben verändert haben. Dazu ein Beispiel aus meinem persönlichen Erfahrungsbereich:

> Als ich 19 Jahre alt war, habe ich meinen Bruder verloren. Nach seinem Tod bin ich eine Zeit lang »mitgestorben«. Ich wusste nicht mehr, wie mein Leben weitergehen sollte. In meiner Verzweiflung und Hoffnungslosigkeit betete ich aus tiefstem Herzen und bat die Spirits, mir zu helfen. Da träumte ich eines Nachts, ich säße am Rande eines Abgrunds. Die Landschaft um mich herum war öde und düster, es gab keinen Weg darin. Plötzlich kam ein strahlendes, gleißendes und irisierendes Licht auf mich zu, und es stellte sich heraus, dass es ein riesiger goldener Engel war. Er setzte sich zu mir und legte seine Flügel aus warmem Licht um mich. Dieses Licht drang in mich ein und schenkte mir Wärme und Geborgenheit. Es war das erste Mal seit dem Tod meines Bruders, dass ich wieder Wärme in mir verspürte. Der Engel hob mich sachte auf und führte mich durch einen Tunnel aus der öden Landschaft heraus und mit den folgenden Worten zurück ins Leben: »Es gibt ein

Leben nach dem Tod – nämlich deins! Unsere Hilfe ist dir gewiss.«

Als ich am nächsten Tag erwachte, fühlte ich mich warm und geborgen. Zum erstenmal wieder seit Langem. Ich empfand Zuversicht und neuen Lebensmut. In den darauffolgenden Tagen begegnete ich einer Frau, die mich durch die anschließende Zeit der Heilung begleitete. So änderte dieser Traum, die Berührung mit diesem wundervollen Lichtwesen, mein Leben und gab ihm eine sehr gute Richtung. Diesen Traum trage ich heute noch genauso klar wie damals in meinem Herzen.

Wir sind oft des Nachts auf geistigen Ebenen unterwegs und werden von dort beheimateten Wesen geführt und geschult. Die großen Erfindungen und Erkenntnisse der Weltgeschichte traten sehr häufig durch einen Traum an die Oberfläche, da wir Menschen in dieser Zeit empfänglich für die Informationen aus der geistigen Welt sind. Im Geiste existiert bereits alles, und es ist wichtig, sich darauf einzustimmen; dazu gibt es verschiedene Techniken. Doch was nutzen uns all die Erfindungen und Erkenntnisse, die sich uns im Traum offenbaren, wenn wir sie nicht in die alltägliche Wirklichkeit herüberholen können, um sie hier umzusetzen und anzuwenden?

Das Gebet habe ich bereits im vorangegangenen Kapitel erwähnt. Es gibt Ausrichtung und ist das Fahrzeug zur geistigen Welt schlechthin. Ein Symbol von unserem Meister/unserer Meisterin (ein Bild von Jesus, Babaji, Erzengel Raphael, Schutzengel; ein Krafttier, eine Marienstatue, ein Schutzstein, ein für uns wichtiges Symbol ...), für den und die unser Herz offen ist, kann uns im Traum mit diesen Kräften in geistigen Kontakt treten lassen.

Wir können auch des Nachts in die Lichtstätten der weißen Bruderschaft reisen um dort Botschaften, Unterweisungen und Anleitung zur Mithilfe am großen Plan zu erhalten. Wer sich hier aufgerufen fühlt, kann unter *www.bruecke-zur-Freiheit.de* und in dem Buch »Lichtstätten der Großen Weißen Bruderschaft«, Herausgeber Brücke zur Freiheit, mehr erfahren.

Wir können vor dem Zubettgehen die Bitte an unseren Schutzengel, unseren Meister ..., mit in die Lichtstätten genommen zu werden, aussprechen. Wir können uns in die jeweilige Farbschwingung hüllen und uns dort hinziehen lassen.

Ein konzentriert gehaltener Wunsch nach/Gedanke an Schulung, Heilung, Unterweisung, Botschaft aus den Lichttempeln

kann uns direkt in die Tempel des Lichts führen. Es ist wichtig, dass wir unsere Bitte laut aussprechen, denn ausgesprochene Worte haben Kraft. Wir sind die Lenker unserer Energie. Im Traum können wir Bereiche betreten, welche uns in Lichtgeschwindigkeit in unserer Entwicklung vorantragen können. Auch Musik kann uns im Schlaf in hohe geistige Gefilde tragen. Wichtig ist, dass du dich vor dem Schlafengehen ausrichtest, dir überlegst, wohin du im Traum reisen, was du erfahren willst, welche Antwort du in dir suchst.
Auch wenn wir uns nach dem Aufwachen vielleicht nicht mehr an unseren Traum erinnern können, so haben wir am darauffolgenden Tag doch plötzlich neue Gedanken, neue Kräfte und wundern uns über das, was wir in Gesprächen mit anderen von uns geben. Wir werden merken, wie sich unser Leben durch die spirituelle Ausrichtung allmählich komplett verändert. Wir merken, dass wir in einer Schulungsstätte waren, wenn unsere Energie deutlich höher ist, wir neue Eingebungen und Einsichten gewonnen haben und tiefen Frieden, Freude, Schönheit beim Aufwachen in uns verspüren.

Menschen, die über viel persönliche Energie verfügen, stellen sich oft in den Dienst der geistigen Welten, um anderen auf ihrem Weg behilflich zu sein. In der Nacht helfen sie mit ihren feinstofflichen Körpern Menschen, die auf ihrem Weg bestimmte Schwellen überschreiten müssen. Unsere geistigen Verbindungen sind viel umfangreicher und umgreifender, als wir gemeinhin ahnen.
Mir ist es schon passiert, dass ich Menschen, denen ich zunächst im Traum begegnet war, dann viel später in meinem Leben begegnete, weil es unsere Bestimmung war. Von daher kann ich jedem nur raten, sich auszurichten, den Wunsch und den Willen

zu hegen, zu wachsen, sich zu entwickeln und weiterzugehen. Es gibt Menschen, die ihr Leben im Reich der Träume sehr genießen und sich dort wohler fühlen als auf der Erde und im Wachzustand. In ihren Träumen können sie vielleicht der Held oder die Heldin sein, den/die sie in der Realität nicht in sich finden können. Im Alltag fühlen sie sich vielleicht unverstanden, als Versager … Das alles führt zu einem ungesunden seelischen Ungleichgewicht, das die Kluft zwischen den Welten immer größer werden lässt. Diese aber muss überwunden werden, indem beide Welten zu einer Einheit zusammengefügt werden. Es ist wichtig, den spirituellen Zustand aus unseren Träumen ins Leben zu holen und dort die Verwirklichung des Traumes anzustreben. Wir sollten unsere Arbeit in der Realität mit genau der gleichen Hingabe verrichten, mit der wir im Traum eine Aufgabe umsetzen. Der Alltag und das Traumerleben gehen Hand in Hand und wollen in der Balance gehalten werden. Es ist ein Aus- und ein Einatmen, Tag und Nacht, Ebbe und Flut, ein natürlicher Rhythmus, dem wir folgen sollten. Es gibt keine größere Erfüllung, als die in dem Augenblick, wenn Traum und Wirklichkeit eins werden. Dann sind wir ganz da und wach. Folgende Affirmation ist zu diesem Zweck gut:
»Großer Geist/Gott/Ewige Quelle …, zeige mir, wie die Verwirklichung des Selbst und das reale Leben in eine harmonische Balance gebracht werden.«

Mit Albträumen arbeiten

Ein Mann wird Nacht für Nacht von einem Tiger verfolgt. Er mag schon gar nicht mehr einschlafen, da er vor dem immer wiederkehrenden Traum Angst hat. Schließlich geht er zu einer Traumpsychologin. Diese zeigt ihm eine Übung, mit deren Hilfe er im Traum aufwachen kann. Eines Nachts ist es soweit: Er schafft es, im Traum aufzuwachen. Anstatt weiterzurennen, bleibt er stehen und dreht sich um. Dann fragt er den Tiger: »Was willst du von mir?« Der Tiger antwortet: »Weiß ich doch nicht – das ist doch dein Traum!«

(Quelle unbekannt)

Albträume können viele Hintergründe haben: Sie können u. a. auf Seelenverlust, Gebundenheit der Lebensenergie, schwere Traumata, Abgrenzungsschwierigkeiten, Themen aus der Ahnenreihe zurückzuführen sein. Es gibt Traumpsychologen, die sich auf dieses Gebiet spezialisiert haben und einem Menschen, der unter Albträumen leidet, helfen können, die Botschaften seiner Seele zu verstehen und die Ursachen für die schweren Nächte aufzulösen. Bei schweren und immer wiederkehrenden Albträumen ist es ratsam, sich Hilfe dieser Art zu suchen.
Wir können lernen, in unseren Albträumen aufzuwachen, sie zu beenden oder auf gute Weise zu Ende zu führen (u. a. durch bestimmte Techniken zur Einleitung von Klar- oder Wachträumen, siehe S. 237). Wir können den Traum sterben lassen, indem wir ihn bis zur letzten Konsequenz nachspielen; doch Vorsicht, hierzu bedarf es einer qualifizierten Führung! Werden Albträume durch Seelenverlust, Energieraub oder durch energetische An-

griffe ausgelöst, ist es sinnvoll, einen schamanisch arbeitenden Menschen aufzusuchen, der einem in die Seele schaut.

Übungen zur Arbeit mit Albträumen:

1. Aufschreiben

Wenn wir einen Albtraum gehabt haben, hilft es, diesen erst einmal niederzuschreiben oder ihn jemandem, zu dem wir Vertrauen haben, zu erzählen. Es gilt in jedem Fall, ihn nicht zu ignorieren oder zu verdrängen, sondern ihn zu beachten. Alles, was wir beachten, beginnt sich allein dadurch schon zu lösen, dass wir unsere Energie darauf richten.
Wenn wir unseren Albtraum niedergeschrieben haben, können wir die Geschichte so weitererzählen, dass sie ein gutes Ende nimmt. Wir betrachten den Albtraum einfach als Ausschnitt einer ganzen, insgesamt angenehmen Geschichte. Damit geben wir Verstand und Geist ein Muster vor, nach dem sie den Traum weiterträumen können. Alles kann aufgelöst und in gute Bahnen gelenkt werden. Tote können auferstehen, Kranke geheilt werden – im Traum ist alles möglich, das sollten wir uns stets vor Augen halten.

2. Bewusst weiterträumen

Ganz ähnlich wie beim Aufschreiben oder Erzählen können wir unseren Traum auch vor dem Aufwachen ganz bewusst weiterträumen und zu einem guten Ende bringen.

3. Körperliche Symptome beachten

Wenn wir einen Albtraum haben, ist es wichtig, dass wir die körperlichen Symptome beachten, die er bei uns hervorgerufen hat. Wo tut es weh im Körper? Wo sind wir verkrampft?

4. Alternativen entwickeln

Frage dich: Wenn du den Traum noch ein Mal träumen würdest, was würdest du darin anders machen? Schreibe das, was du dir überlegt hast, in dein Traumtagebuch.

5. Die Heilkräfte in uns aktivieren

Wir alle verfügen ganz offensichtlich über eigene Heilkräfte: Sobald wir uns verletzen, beginnt unser Körper augenblicklich, seine Wiederherstellung einzuleiten. Das gilt nicht nur für den physischen Leib, sondern auch für alle anderen.
Um unsere inneren Heilkräfte nach einem Albtraum zu aktivieren, sollten wir uns danach im Bett aufrecht hinsetzen und darum bitten, dass alle Heilströme aktiviert werden. Wir ersuchen damit die geistige Welt um Unterstützung, rufen den inneren Heiler und unser höheres Selbst an unsere Seite. Diese können wir darum bitten, dass sie unser Energiefeld versorgen und den Strom der Heilung durch es hindurchleiten, sodass alte Dinge und Blockaden sich auflösen und ablaufen.
Haben wir geistigen Beistand herbeigerufen, dann stellen wir uns vor, wie goldenes Licht in uns fließt. Es kann auch sein, dass dieses Licht eine andere Heilfarbe hat, z. B. Grün, Rosa, Violett, Weiß, Blau … Wir lassen zu, dass uns dieser Heilstrom erfüllt und durchdringt. Mithilfe unserer Atmung lenken wir die Energie bewusst und zielgerichtet in die Verspannungen und Schmerzen. Mit jedem Atemzug laden wir diese Stellen auf, sodass sie heilen können. Wir lassen die heilende Energie so lange fließen, bis wir das Gefühl haben, dass wir vollkommen mit ihr angefüllt sind.

6. Die violette Flamme

Die violette Flamme oder das violette Licht hat für die heutige Zeit eine große Bedeutung. Wenn weißes Licht (universelle Lebensenergie) durch ein Prisma fällt, so bricht es sich in verschiedene Farben, die des Regenbogens. Die violette Flamme hat eine hochfrequente, kurz bzw. schnell schwingende Strahlung. Auf der subatomaren Ebene kann sie Materie am leichtesten durchdringen und umformen. Ihre Frequenz bewirkt Gnade, Vergebung und Umwandlung. Außerdem hilft sie sehr sanft, Blockaden zu lösen, Erkenntnisse zu erlangen und alte traumatische Erinnerungen zu wandeln. Es gibt Meister und Meisterinnen wie Quan Yin, Saint Germain, Merlin, außerdem Engel, Erzengel und andere mächtige Wesenheiten, welche auf dieser Flammenfarbe wirken. Diese können wir auch um Unterstützung bitten, wenn wir uns zu ihnen hingezogen fühlen.

Stell dir vor dem Zubettgehen vor, wie der Schutzschild aus weißem Licht (siehe S. 219 f.) sich um dich herum aufbaut. Wenn du ganz in dieses weiße Licht gehüllt bist, dann rufe die violette Flamme herbei. Sieh, wie sie zu leuchten und zu lodern beginnt, dich ganz und gar durchdringt und alles auflöst, was an Abgründen, Negation, Disharmonie in dir ist. Höre erst auf, wenn diese Flamme in deiner Vorstellung ruhig, fast weiß oder golden erstrahlt. Bitte auf deine Weise darum, dass sich die dunkle Schwingung in deinem Energiefeld auflösen darf.

Ich stehe mit beiden Beinen fest in den Wolken.

Herman van Veen, niederländischer Unterhaltungskünstler

Techniken der Traumpraxis

Nachfolgend stelle ich dir nun einige Techniken aus der Traumpraxis vor. Lies sie dir alle durch, und schaue dann, welche dich anspricht. Hast du dich entschieden, dann praktiziere nur diese, und zwar am besten über einen längeren Zeitraum, etwa zwei bis drei Monate.

Wozu dient die Traumpraxis?

- Verbesserung der Erinnerung an die Träume
- Im Traum des Träumens gewahr werden
- Willentliches Erwachen
- Beeinflussung des Traumgeschehens
- Macht über seine Träume gewinnen, den Ablauf beliebig beeinflussen
- Träume selbst bewusst gestalten
- Hinzuziehen geistiger Heil- und Hilfskräfte, um Heilung zu erlangen
- Samen von künftigem Karma in unseren Träumen verbrennen

➡ Mantra:

Am Morgen: Ich schlafe ein.

Am Abend: Ich wache auf.

Stelle dir tagsüber oft und ernsthaft die Frage: Bin ich im Traumzustand, oder bin ich im Wachzustand? Prüfe das besonders bei Objekten und Gegenständen, die dir im Traum öfter begegnen. Irgendwann wirst du dir diese Frage auch im Traumzustand stellen. Versuche, beim Einschlafen, solange es geht, ein klares Bewusstsein zu wahren.
Knapp vor dem richtigen Erwachen solltest du deinen Traum »durchdenken«, ihn noch ein Mal in so vielen Einzelheiten wie möglich vor deinem inneren Auge passieren lassen. Solange wir die Augen geschlossen halten, halten wir die Erinnerungen an den Traum. Sobald wir die Augen öffnen, entweicht dessen feinstoffliche Energie.

Die persönliche Kraft entscheidet, wer von einer Offenbarung profitieren kann und wer nicht. Meine Erfahrung mit meinen Mitmenschen hat mir gezeigt, dass nur sehr, sehr wenige bereit sind, zuzuhören, und von denen, die zuhören, sind noch weniger bereit, in ihrem Handeln zu befolgen, was sie gehört (oder gelesen) haben. Und von denjenigen, die bereit sind, entsprechend zu handeln, haben noch weniger genügend persönliche Kraft, um von ihrer Handlung zu profitieren.

Don Juan, brasilianischer Schamane
(nach Carlos Castaneda)

Beobachte, wodurch du persönliche Kraft gewinnst. Vielleicht ist es eine Sportart, eine Meditationstechnik, ein Spaziergang in der Natur, was dir besonders liegt. Jeder von uns hat seine eigenen Wege, Kraft zu tanken. Es ist wichtig, dass wir dem regelmäßig nachgehen.

Wie kann man Energie aufbauen?

Konzentriere dich auf ein schönes Objekt in deiner Umgebung, und nimm dessen Schönheit ganz in dich auf, und zwar so lange, bis du seine Liebe und Weisheit in dir spürst. Das kannst du auch vor dem Zubettgehen tun. Geeignet sind eine Blume, das Bildnis unseres Meisters/ unserer Meisterin, die Skulptur unseres Krafttieres o. Ä.

Atme tief und bewusst durch.

Atme goldenes Licht, Schönheit und Liebe so lange ein, bis du dich leicht und unbeschwert fühlst.

Stelle dir vor, du bist ein leuchtendes Wesen, umgeben von einem Lichtkranz und erfüllt von einem strahlenden, funkelnden Lebenselixier.

Fühle dich mit allem verbunden und eingebettet in die Einheit. Denke dazu an alles, was du liebst, wie z. B. bestimmte Menschen, Orte, Tiere, Blumen, Bäume, Mineralien, Elemente. Du hast einen Platz im großen Ganzen.

Wann immer du dich leer fühlst, ist deine wichtigste Aufgabe, dich zurückzuziehen, deine Verbindung zur universellen Lebensenergie wiederherzustellen und dich mit ihr anzufüllen. Denn nur wer etwas hat, kann auch etwas geben. Lerne, ein gewisses Maß an Energie aufrechtzuerhalten. Stelle dir vor, dass stets genauso viel Energie, wie du abgibst, augenblicklich wieder in dich einströmt, sodass du nicht mehr an Energieverlust leidest; lass diese Vorstellung zu einem Teil von dir werden.

Du erkennst, dass du Lebensenergie hast, wenn du dich wach und lebendig fühlst.

Aufwachen aus unliebsamen Traumsituationen

Übe, deine Energie zu lenken.

Es gibt verschiedene Techniken, mit denen wir unliebsame Traumsituationen beenden können. Von diesen möchte ich nun eine vorstellen, die sich besonders gut dazu eignet, sich aus unangenehmen Träumen zu holen:

Suche dir irgendeinen Punkt an der Decke oder an der Wand. Wenn du magst, kannst du auch einen Punkt an der Wand markieren (Klebepunkt). Übe tagsüber, diesen Punkt eine ganze Zeit lang zu fixieren. Damit studierst du dein Gefühl für diese Übung. Bevor du einschläfst, sage mindestens dreimal laut: »Wenn ich träume, möchte ich mich daran erinnern, dass ich träume.« Solltest du dann in einem Albtraum landen, starre auf einen Punkt. Du wirst schnell feststellen, dass die Traumszene sich entweder verwandelt, sich augenblicklich auflöst oder du zum Erwachen geführt wirst.

Schutz und Kraft

Schutz und Kraft gehören zusammen. Wer vollkommen in seiner Kraft ist, braucht keinen Schutz, wer nicht in seiner Kraft ist, sollte mit Schutztechniken arbeiten, damit er seine Kraft wiedererlangt.
(Quelle unbekannt)

Wenn wir eher ängstlich sind und von dunklen Träumen heimgesucht werden, ist es hilfreich, vor dem Schlafengehen mit verschiedenen Schutztechniken zu arbeiten, denn damit können wir dagegen angehen.

Schutztechniken gegen dunkle Träume

- beten und um Schutz und Führung bitten
- sich durch Gesang, schöne Musik, Affirmation innerlich ins Gleichgewicht bringen etc.
- sich vorstellen, dass man in weißes Licht gehüllt ist
- ein Kristallei um sich herum visualisieren und die geistige Welt bitten, dieses bis zum Morgen aufrechtzuerhalten
- ein Licht brennen lassen
- ein Stofftier mitnehmen, das einen beschützt, z. B. einen Teddybären

- einen Schutzkreis aus goldenem Licht um sich herum errichten, entweder durch die Kraft der Vorstellung oder dadurch, dass man tatsächlich mit einem goldenen Band einen Kreis um das Bett herum legt
- einen Traumfänger basteln (siehe S. 273f.)
- mit der Frage, wie man sich während der Nacht schützen kann, eine Trommelreise machen

Aus den Träumen von gestern werden manchmal die Albträume von morgen.

Friedrich Nowottny, deutscher Journalist (ehem. Intendant des WDR)

Techniken zur Einleitung von Klar- oder Wachträumen

Klar- oder Wachträume können uns auf unserem Weg zu einem höheren Bewusstsein und bei unserer spirituellen Entwicklung eine große Hilfe sein – ja, wir können sie sogar zielgerichtet einsetzen.

Möglichkeiten, Klarträume anzuwenden

- Eigenverantwortung entwickeln: Der Träumer gestaltet seine Träume bewusst und handelt selbst in seinen wildesten Träumen eigenverantwortlich.
- Unabhängigkeit verwirklichen: Der Träumer ist Betroffener, Beobachter und Handelnder. Interpretationen werden überflüssig.

- Selbstheilung, Gesundheit und inneres Wachstum erlangen
- die Regeneration anregen
- kreative Problembewältigung und Lösungen aufzeigen
- Wunscherfüllung finden
- Unterweisungen erhalten und kreatives Potenzial freilegen
- das Empfangen von Botschaften erlernen
- Bewusstheit, Wachheit entfalten für die verschiedenen Energiekanäle und den Informationsfluss, den wir dann zum Wohle aller mitlenken können

Persönliche Kraft aufbauen

Um auf eine höhere Ebene des Traumes zu gelangen, ist es wichtig, persönliche Kraft aufzubauen. Folgende Maßnahmen tragen dazu bei:

1. Verantwortung für das eigene Leben übernehmen

Der erste Schritt ist, zu akzeptieren, dass jeder für sich selbst verantwortlich ist: »Ich übernehme die Verantwortung für mein Leben. Jetzt.« Denn solange wir anderen für die Umstände in unserem Leben die Schuld geben, verschenken wir unsere Kraft und verleihen anderen Macht über uns.

Verantwortung übernehmen heißt: Wir sind verantwortlich für unser körperliches Wohlbefinden und für den Zustand unseres Körpers. Wir sind verantwortlich für das, was wir zu uns nehmen. Wir sind verantwortlich für das, was wir in unser Haus lassen. Wenn wir das erkennen, können wir alles ändern.

2. Sich der geistigen Praxis widmen

Es gibt viele Formen der geistigen Praxis. Verschiedene Yoga-Arten, Kampfsportarten, Spazierengehen, Meditieren. Es gibt aktive Formen und passive Formen der Meditation, Atemtechniken …

3. Den Wunsch und den Willen entfalten, Bewusstsein zu entwickeln

Will man ein höheres Bewusstsein entwickeln, dann hilft es, heilige Texte zu studieren und darüber zu meditieren. Erhält man im Traum entsprechende Anweisungen, sollte man versuchen, diese im täglichen Leben umzusetzen.
Es gibt sehr schöne Texte, z. B. von White Eagle, Sai Baba, Babaji, sowie buddhistische Schriften, Passagen der Bibel u. a. Wir können uns vornehmen, immer einen Abschnitt aus einem Buch, das uns inspiriert, vor dem Zubettgehen zu lesen. Anschließend können wir uns das Gelesene noch einmal durch den Kopf gehen lassen. Was bedeutet diese Botschaft für das alltägliche Leben? Wie kann ich sie umsetzen? … Diese Fragen können wir mit in den Traum nehmen und um eine Antwort bitten. Auf diese Weise kann die Verbindung mit einem Meister, einer Meisterin, einem/einer Heiligen anhand eines Textes verstärkt über die Traumebene zustande kommen, da jene von der ewigen Ebene des Seins wirken, unabhängig von Raum und Zeit.

Manchmal bekommen wir einen konkreten Traum, der uns Antworten auf unsere Fragen liefert. So träumte ich einmal von einem Meister; er zeigte mir eine Eigenschaft, die des »Beobachters«, die mir bisher noch nicht an mir aufgefallen war, in einem sehr interessanten, einprägsamen Traumbild. Ich erhielt

die Anweisung, diese Eigenschaft weiterzuentwickeln. Dies setzte ich, wann immer ich konnte, im Alltag um, und zwar beim Verrichten meiner Tätigkeiten.
Manchmal hallt nach dem Aufwachen nur ein Wort oder nur ein Satz aus dem Traum im Kopf nach – doch dieser ist für unser Leben von Bedeutung. Gerta Ital beschrieb in ihrem Buch »Auf dem Weg zu Satori« beispielsweise, wie sie den Satz »Du eiferst zu viel« erhielt. Dieser Satz blieb in ihr lebendig, bis sie ihn wirklich verstanden hatte.

Wenn wir persönliche Energie aufbauen, so wird sich unsere Art zu träumen verändern, da sie mit unserer persönlichen Energie in Resonanz steht. Wir sollten verstehen, dass unser Alltag und unsere Träume nicht getrennt voneinander sind und dass jede Entwicklung, die wir machen, auch unser Träumen beeinflusst.

Affirmationen

Mit Affirmation wird ein Satz bezeichnet, welcher durch ständiges Wiederholen mit Kraft aufgeladen wird und das Unterbewusstsein programmiert. Dadurch kann sich die feinstoffliche Energie verdichten und sich in der inneren und äußeren Wirklichkeit zeigen:

> Sprich die Affirmation deiner Wahl vor dem Einschlafen mindestens dreimal bewusst und mit aller Konzentration, die du aufbringen kannst. Gib nicht auf, wenn du nicht gleich ein Ergebnis erzielst. Du kannst sie auch aufschreiben.

Beispiele für Affirmationen, die das bewusste Träumen fördern:

- »Ich erinnere mich genau an das, was ich träume.«
- »Heute Nacht wache ich im Traum auf.«
- »Deutlich und klar nehme ich mein Traumgeschehen wahr.«
- »Jede Nacht wird mehr und mehr zum Segen für mich.«
- »Ich erhalte jetzt die Antwort, die für mich in meiner momentanen Lebenssituation wichtig ist.«
- »Ich werde ab jetzt im Traum unterrichtet; immer deutlicher und klarer kann ich mich an das Traumgeschehen erinnern.«
- »Intuitiv weiß ich jetzt, was mir dieser Traum sagen will.«
- »Ich werde von der göttlichen Quelle geführt.«
- »Den Seinen gibt's der Herr im Schlaf.«
- »Sendet mir das, was für mich gerade von Bedeutung ist.«
- »Segnet mich heute Nacht.«
- »Heute Nacht ist mir der Segen der Engel und der geistigen Welten gewiss.«
- »Ich erhalte Trost, Heilung, Verbundenheit, Liebe, Kontakt [füge ein, was du suchst]. Dies wird immer stärker und deutlicher in meinem Leben.«
- »Mein Traum sendet mir die Antwort auf [füge deine Frage ein]. Danke.«
- »Jede Nacht erfahre ich jetzt Heilung, Stärkung, Liebe – mehr und mehr und mehr.«

Kristallvisualisation

• • • • •

Kristalle sind Lichtträger der Information.
(Quelle unbekannt)

Der Kristall

Kristalle jeder Art erhöhen die Energie. Im Traum sind sie wie Lichter, die uns den Weg leuchten. Entsprechend ist es hilfreich, sich einen Kristall, am besten einen ganz klaren, neben das Bett zu stellen.

Konzentriere dich vor dem Einschlafen auf deinen Kristall. Studiere seine Natur – seine kristalline Energie, seine Form, seine Festigkeit. Betrachte ihn so intensiv wie möglich.

Schließe dann deine Augen. Stelle dir deinen Kristall so rein und klar wie möglich vor. Versuche, die Vorstellung von deinem Kristall so lange, wie es dir möglich ist, mit geschlossenen Augen aufrechtzuerhalten und mit in den Schlaf hinüberzunehmen. Auf diese Weise förderst du Klarträume und stärkst deine Erinnerung an das Traumgeschehen.

Praktiziere diese Übung über einen längeren Zeitraum hinweg, mindestens aber neun Wochen lang, jeden Abend vor dem Einschlafen.

Augen auf dem Kristall

Eine weitere Variante für die Arbeit mit Kristallen ist das Visualisieren von Augen im Kristall. In Ägypten kamen die guten Träume von Horus, dem Sonnengott; sein Symbol ist das Auge. Augen stehen für das erwachende Bewusstsein, für den sprühenden Geist. Sie beobachten alles und nehmen es in sich auf. Stelle dir zunächst deinen Kristall vor, klar und rein, und dann lass Augen in deinem Kristall erscheinen. Du kannst erst einmal mit einem Auge anfangen. Sieh, wie es sich in deinem Kristall öffnet. Später kannst du den ganzen Kristall voller Augen visualisieren. Sie öffnen sich und blicken in alle Himmelsrichtungen. Erhalte die Vorstellung aufrecht, so lange du kannst.

Zum Kristall werden

Eine weitere Variante der Kristallarbeit geht wie folgt: Stelle dir vor, wie du zu einem Kristall wirst. Erst wird dein Schädel zu einem Kristallschädel, dann deine Knochen zu Kristallknochen und schließlich dein kompletter Körper ganz und gar kristallen. Erhalte diese Vorstellung aufrecht, so lange du kannst. Stelle dir vor, wie du immer klarer, strahlender und durchscheinender wirst, wie alle deine Körper sich in einen reinen, klaren, strahlenden Kristall verwandeln. Versuche, dieses Bild so lange und deutlich aufrechtzuerhalten, wie es dir möglich ist, und mit in deine Träume zu nehmen.

Der Buddhaschlaf

Träumen ist all das, woraus man erwachen kann.

Paul Valéry, französischer Dichter

Der Buddhaschlaf ist ein Schlüssel in der Traumpraxis. In vielen Ländern finden wir Statuen eines schlafenden Buddha oder eines liegenden Buddha mit halb geöffneten Augen. Buddha bedeutet »der Erwachte« und bezeichnet jemanden, der aus dem Schlaf der Unwissenheit und des Unbewussten erwacht ist und die Dinge so sieht, wie sie sind. Ein Buddha ist eine Person, die vollständig frei von allen Fehlern und Hindernissen geworden und zu vollem Bewusstsein von ihrer geistigen Natur erwacht ist. Es gibt viele, die schon zu Buddhas wurden, und es wird auch in Zukunft viele geben, die zu Buddhas werden.

Die schlafende Buddhastatue steht für das erwachte Bewusstsein, das nie schläft, egal ob wir die Augen auf, halb geöffnet oder geschlossen haben.

Entsprechend ist der Buddhaschlaf eine besondere Variante, zu schlafen und doch bei vollem Bewusstsein zu bleiben. Die Haltung, welche der schlafende Buddha einnimmt, hilft besonders dabei, im Schlaf wach zu bleiben. Dämmern wir weg, so knickt unser Arm, auf den wir den Kopf stützen, ein, wovon wir wieder wach werden.

Probiere es einfach ein Mal aus: Lege dich auf die rechte Seite, bequem auf ein Kissen. Stütze deinen Kopf ab wie auf dem Bild. Schließe die Augen, öffne dein Herz. Konzentriere dich auf deinen Puls, auf deinen Herzschlag. Während der Einschlafphase visualisierst du einen Kristall, auf dem du dir Augen vorstellst, die in alle Richtungen blicken; die Augen helfen dir, alles um dich herum wahrzunehmen, und erweitern dein Sichtfeld.

Versuche, beim Einschlafen den Kristall mit den in alle Richtungen schauenden Augen, solange es dir möglich ist, bewusst als Vorstellung zu halten. Während dein Körper dann in Schlaf versinkt, bleibt dein Bewusstsein wach. Lass es wach bleiben. Lass geschehen, was geschehen soll. Du wirst dich wundern, wie leicht dir der Einstieg in die Welt der Träume gelingt.

Schreibe nach dieser Übung deine Erfahrungen und Erlebnisse sowie die erhaltenen Botschaften auf. Du kannst dich auch mit einer Frage auf diese Weise hinlegen. Du kannst dich, während du so daliegst, auf Buddha konzentrieren und ihn zu dir sprechen lassen. Die Übung kann sehr unterschiedlich aussehen, je nach deinem eigenen Anliegen und deiner bewussten Ausrichtung.

Diese Übung ist steigerungsfähig. Zum Beispiel kannst du dir vornehmen, in den reinen Spiegel des unendlichen Bewusstseins zu schauen – ohne Gedanken, ohne Bilder usw. Lass die Gedanken wie Wolken weiterziehen, bis der Himmel klar und blau ist. Versuche, dein Denken bei absolut wachem Zustand völlig zum Stillstand kommen zu lassen. Das Fehlen von Gedanken oder Absicht allein genügt nicht, das führt zum traumlosen Tiefschlaf. Doch dann bleibt der Spiegel des Bewusstseins dunkel. Nur in einem wachen, regen Geist vollzieht sich die Verwirklichung des Selbst, in einem stumpfen ist dies nicht möglich.

Jedes Ding hat drei Seiten: Eine, die du siehst, eine, die ich sehe, und eine, die wir beide nicht sehen.

Chinesisches Sprichwort

Visualisieren der Hände

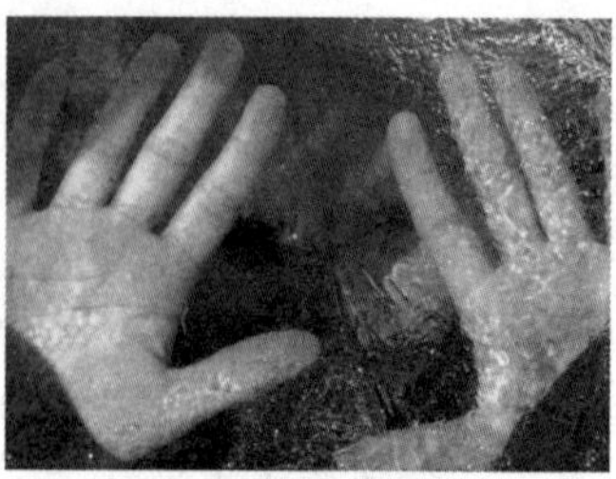

Ich werde dich lehren, das »Träumen« zu arrangieren. Das »Träumen zu arrangieren« bedeutet, eine genaue und pragmatische Kontrolle über die allgemeinen Bedingungen eines »Traumes« zu haben, vergleichbar mit der Kontrolle, die man über jede Entscheidung in der Wüste hat, etwa ob man auf einen Berg steigen oder im Schatten der Schlucht bleiben will. Du musst mit etwas sehr Einfachem beginnen. Heute Nacht musst du im »Traum« deine Hände ansehen.

Don Juan, brasilianischer Schamane (nach Carlos Castaneda)

Sich auf die Hände zu konzentrieren, bedeutet, eine Brücke vom Alltag in die Traumwirklichkeit und zurück zu schlagen. Obwohl es sich so lesen mag, ist dies beileibe keine einfache Übung. Denn wenn wir uns im Traum unsere Hände ansehen wollen, setzt dies voraus, dass wir uns darin unserer selbst bereits bewusst sind. In einem normalen Traum ist dies nicht der Fall. Doch versuche, diese Aufgabe für dich selbst zu lösen. Nimm dir also vor, im Traum deine Hände anzuschauen. Vielleicht findest du in dir selbst einen kreativen Weg, diese Aufgabe zu lösen, das wäre am besten.

Hier sind noch ein paar Übungstipps – obwohl sehr viele Wege zu diesem Ziel führen können:

> Bringe dich vor dem Einschlafen in einen Zustand vollkommener Ruhe und Entspanntheit (Vorbereitung auf den Schlaf). Versuche, den »inneren Dialog« abzustellen. Betrachte deine Hände genau, und nimm dir vor, sie im Traum anzuschauen. Fasse den festen Entschluss, deine Aufmerksamkeit auf die Hände zu richten. Mache diese Übung jeden Abend vor dem Schlafengehen. Damit schaffst du einen bewussten Bezugspunkt zwischen Traum und Wirklichkeit.
>
> Lasse dich langsam in den Schlaf hinübergleiten, und beobachte dich dabei. Bleibe dabei auf deine Hände konzentriert und das mit der festen Absicht, sie im Schlaf zu sehen. Wenn du dich wirklich bemühst, wirst du Erfolg haben. Die Hände, die du im Schlaf siehst, existieren tatsächlich. Sie gehören zu dir und deinem Körper.

Versuche, dieses bewusste Sehen über einen längeren Zeitraum im Traum aufrechtzuerhalten. Wenn wir im Traum etwas ins Auge fassen, verändert es seine Form. Wenn die Hände anfangen, ihre Form zu verändern, schaue etwas anderes an und dann wieder deine Hände. Auch wenn das Bild unscharf zu werden oder zu verschwimmen droht, gilt es, den Blick wieder zurückzulenken und allmählich die Kontrolle über die Traumbilder zu erlangen.
Es ist wichtig, dass wir lernen, unsere »Traumbilder« aufrechtzuerhalten. Wir müssen diese Kontrollinstanz in uns erst ausbilden. Dieser Prozess braucht Zeit, da wir ihn im Traum nicht willentlich beeinflussen können. Doch wir können es trainieren; es ist Übungssache – gerade so wie wir Muskeln trainieren können oder Fähigkeiten wie das Klavierspielen.

Sobald wir es schaffen, im Traum unsere Hände zu betrachten, können wir damit beginnen, von unseren Händen in die Traumumgebung zu schauen und wieder zurück, und dann das Bild allmählich erweitern. Wenn wir die Kontrolle über den Perspektivenwechsel erlangt haben, können wir eine ganze Traumsequenz anschauen und wieder zu den Händen zurückkehren. Anfangs können wir unseren »Film« stumm betrachten, später dann mit all unseren Sinnen einsteigen. Doch wir sollten langsam beginnen. Bevor wir uns vom Traumgeschehen leiten und führen lassen, müssen wir die Kontrolle über unsere Traumbilder gewinnen.

Du kannst deine nächtliche Traumarbeit am Tag unterstützen. So kannst du beim Meditieren üben, das Bild deiner Hände aufrechtzuerhalten. Nimm eine für dich bequeme Haltung ein; halte den inneren Dialog an, indem du die Gedanken an dir vorbeiziehen lässt wie eine Wolke und dabei in der Stille bleibst. Betrachte deine Hände fünf Minuten lang. Schließe dann die Augen, und versuche, das Bild deiner Hände so lange und exakt wie möglich vor deinem inneren Auge aufrechtzuerhalten. Spüre deine Hände.

Ätherprojektion und Astralprojektion

Ich möchte nun vorbereitende Techniken zur Äther- und Astralprojektion vorstellen. Die Übungen sind sehr effektiv und hilfreich, was die Traumpraxis angeht; sie fördern das Träumen ungemein (siehe Kapitel: Traumarten und ihre Erkennungsmerkmale, Ätherprojektion/Astralprojektion oder Exosomatose).

Die Spiegeltechnik

Diese Technik hilft uns, unser Bewusstsein zu erweitern und Unmögliches möglich zu machen. Unser Verstand glaubt alles, was er sieht: Er hält es für wahrscheinlicher, dass auf dem Tisch ein Aschenbecher steht als ein kleines grünes Männchen, da der Anblick von Aschenbechern alltäglich ist, kleine grüne Männchen jedoch nicht zum gewohnten Bild gehören. Um der

Traumwirklichkeit näherzukommen, ist es wichtig, den Verstand von ihrer Existenz zu überzeugen, und zwar indem man Bilder schafft, die das zuvor Unmögliche denkbar machen. Die Spiegeltechnik ist eine Vorübung zur Ätherprojektion und zur darauf aufbauenden Astralprojektion.
Bei diesen Übungen geht es ebenfalls darum, die Kontrolle über die Traumbilder zu erlangen.

> Nimm dir einen großen Spiegel, in dem du dich ganz sehen kannst. Setze dich davor, und betrachte dich eine Weile – erweitere dein Blickfeld allmählich, indem du die Augen weit aufmachst, sodass du links und rechts von dir alles wahrnehmen kannst.
> Starre beharrlich, ohne zu blinzeln, auf dein Spiegelbild. Es kann sein, dass deine Gesichtszüge sich verändern oder um dein Energiefeld ein Leuchten auftritt. Schaue, was geschieht, und nimm so viele Details wie möglich wahr. Dann entspanne dich. Betrachte dich im Spiegel, und versuche, dich in dein Spiegelbild hineinzuversetzen. Stelle dir vor, du schautest dich selbst aus dem Spiegel heraus an. Bis das klappt, kann es einen Moment dauern, denn es erfordert einige Übung. Doch je öfter du diese Technik praktizierst, desto leichter wird es dir fallen, dich aus dem Spiegel anzublicken. Damit bringst du deinem Verstand bei, die Doppelgängernatur des Seins zu akzeptieren, und bereitest dich auf den Moment vor, in dem du auf dich selbst hinabblickst und mit deinem Energiekörper bewusst auf Reisen gehst. Erschrickst du beim ersten Mal, wenn das passiert, dann wackele einfach mit einem großen Zeh: Dadurch wachst du augenblicklich auf.

Die Energiekörperprojektion

Bei dieser Übung geht es darum, dein visuelles Gedächtnis und deine Vorstellungskraft zu stärken, damit du deine Traumbilder klar wahrnehmen kannst. Außerdem wirst du durch sie mental und ideell auf einen Austritt aus deinem Körper vorbereitet.

Suche dir einen Platz, an dem du dich gut entspannen kannst. Stelle sicher, dass du dort eine Zeit lang nicht gestört wirst. Mache es dir bequem, und lasse alle Gedanken und alle Anspannung los. Halte den »inneren Dialog« an – wähle dazu den Weg, der dir am meisten liegt (Atemübungen, Yogaübungen, Meditation …).

Stufe I

Wenn du ganz entspannt bist, dann konzentriere dich auf folgende Aufgabe: Stelle dir vor, dass du nicht mehr an deinem Platz, sondern an einer anderen Stelle im Raum sitzt. Versuche, dir dies ganz klar und konzentriert vorzustellen. Das Bild von dir, wie du dort sitzt, sollte so deutlich, detailliert und dreidimensional wie nur möglich sein. Male dir jede Einzelheit genau aus, und achte auf alle Bestandteile: die Farbe der Schuhe, die Gesichtszüge, die Haltung der Hände … Du kannst dir dich so vorstellen, wie du in Wirklichkeit aussiehst.
Übe diesen Schritt jeden Tag 10 bis 15 Minuten, bis die Projektion dir leichtfällt und du sie ohne große Willensanstrengung ausführen kannst.

Im nächsten Schritt stellst du dir vor, wie die Projektion von dir von ihrem Sitzplatz aufsteht, im Zimmer umhergeht und eine Richtung deiner Wahl einschlägt. Als Vorbereitung kannst du es zunächst mit deinem physischen Körper tun. Sei dabei aufmerksam und bedächtig. Gehe langsam und aufmerksam durch den Raum, und achte dabei auch auf Details. Setze dich dann bequem hin, schließe deine Augen, und mache es in deiner Vorstellung. Stelle dir dabei so viele Einzelheiten wie möglich vor.
Am Anfang kannst du die Details immer wieder durch tatsächliches Umherlaufen überprüfen. Irgendwann sollte es dann allein in deiner Vorstellung funktionieren. Übe auch diesen Schritt so lange, bis er dir leichtfällt. Dann starte deinen Gang durch den Raum in entgegengesetzter Richtung. Sobald dir das Umhergehen leichtfällt, gehe den nächsten Schritt.

Stelle dir nun vor, wie du in geistiger Gestalt in das Zimmer nebenan gehst. Erforsche es. Erweitere deinen geistigen Bereich, indem du durch die ganze Wohnung/das ganze Haus gehst.

Der letzte Schritt besteht darin, einen weniger vertrauten und weiter entfernten Ort auf die beschriebene Weise zu erkunden.

Anhand dieser Schritte lernst du, deine Imaginationskraft zu entwickeln, einen astralen Doppelgänger zu visualisieren, verschiedene Perspektiven einzunehmen und im Geiste an verschiedenen Orten umherzugehen.

Du kannst die Übung auch mit einem Partner machen. Dieser verändert z. B. einen Gegenstand in dem Zimmer, das du im Geiste betreten wirst; deine Aufgabe ist es dann, festzustellen, was verändert wurde. Das direkte Feedback und das Zusammenspiel werden dir helfen, die Brücke zwischen der geistigen Welt und der alltäglichen Welt zu schlagen. Gib nicht auf, wenn du anfangs daneben liegst. Übung macht den Meister. Diesen Weg der Einweihung findet man häufig. Er wird in »Der Meister vom Drachentor« (Einführung in den Daoismus) genauso beschrieben wie in den geheimen Büchern der Templer (auf dem Markt nicht zu erhalten), in Monroes »Über die Schwelle des Irdischen hinaus« sowie in Brennans »Astralprojektion« (siehe Quellennachweis).

Wenn du alle Schritte der Stufe I beherrschst, kannst du dich daranmachen, die nächste Stufe zu erklimmen.

Stufe II

> Visualisiere, diesmal allerdings mit offenen Augen, wieder dein Spiegelbild als reale Figur im Raum. Wenn du die Gestalt deines Doppelgängers klar und deutlich vor dir siehst, dann stelle dir vor, mit seinen Augen zu sehen. Betrachte dich selbst und deine Umgebung aus den Augen dieses Doppelgängers.
> Mit einiger Übung wird dir das gelingen. Wenn du diese Technik eine Zeit lang praktiziert hast, wirst du merken, dass du im Doppelgängerkörper ein Realitätsgefühl entwickelst und dieser Körper allmählich an Energie gewinnt.

Im Weiteren kannst du nun vorgehen wie bei Stufe I beschrieben – nur dass deine Energie sich in diesem Fall bewusst im Körper deines Doppelgängers befindet. Wundere dich nicht, wenn sich Dinge als wahr erweisen, die du wahrgenommen hast, während du in diesem Körper unterwegs warst. Um hierbei eine größere Sicherheit zu erlangen, ist eine Partnerübung wieder sehr hilfreich.

Die beschriebenen Schritte und Stufen dienen der geistigen Vorbereitung einer Astralprojektion. Sie schulen darüber hinaus aber auch die Fähigkeit zur bewussten Wahrnehmung und zum aktiven Handeln im Traum. Wir lernen mit ihnen, uns vom Kleinen ins Große hineinzubewegen, vom Bekannten in das Unbekannte, vom Realen in fremde Reiche.
Weiter möchte ich hier nicht gehen. Doch wer sich in diesen Ausführungen übt, beginnt, sein visuelles Gedächtnis zu schulen und seine zweite Wahrnehmung zu entwickeln. Diese sind für die Traumkontrolle von Bedeutung.

Wer sich intensiver mit der Astralprojektion auseinandersetzen möchte, dem empfehle ich folgende Bücher: Robert Monroe »Über die Schwelle des Irdischen hinaus«; Sylvan J. Muldoon und Hereward Carrington »Die Aussendung des Astralkörpers« und James H. Brennan »Astral-Projektion«.

Traumyoga

Wenn wir nicht lernen, im Schlaf präsent zu bleiben, wenn wir uns jede Nacht wieder verlieren, welche Chance haben wir dann wohl, im Tod bewusst zu bleiben? Wenn wir uns unseren Träumen überlassen und uns den Bildern des Geistes gegenüber so verhalten, als wären sie real, dürfen wir dann erwarten, im Nachtodzustand Befreiung zu erlangen? Betrachten Sie Ihre Traumerfahrung, und Sie werden wissen, wie es Ihnen nach dem Tod ergehen wird. Betrachten Sie Ihre Schlaferfahrung, und Sie werden erkennen, ob Sie wirklich wach sind oder nicht.

Tenzin Wangyal Rinpoche,
einer der ersten tibetischen Lamas
der Dharma- und Dzogchen-Lehren
der tibetischen Bön-Tradition

Zum Traumyoga gibt es von Tenzin Wangyal Rinpoche ein Buch, welches das Thema umfassend erläutert; es heißt: »Übungen der Nacht – tibetische Meditationen in Schlaf und Traum«. Der Autor gibt ab und zu in Europa Kurse zu diesem Thema *(Näheres dazu im Internet, z. B. unter www.tibetanbon.com/tenzin-wangyal.html)*. An dieser Stelle möchte ich das Traumyoga nur kurz erläutern:

In Tibet zielt die spirituelle Praxis des Traumyoga darauf ab, die eigene Präsenz im Traum zu stärken und alles ganz bewusst zu erleben. Es hilft aber auch, sich seiner selbst in verschiedenen Bewusstseinszuständen gewahr zu bleiben. Das Endziel des Traumyoga ist Befreiung oder Erleuchtung, indem man immerwährend in der nondualen Präsenz verweilt. Darüber hinaus geht es dabei auch darum, sich auf das Leben nach dem Tod vorzubereiten. Das Traumyoga ist auch ein Weg, den die Schamanen und Schamaninnen gehen, um vollständig in der geistigen Essenz zu erwachen.

Du kannst nicht erleuchtet werden,
du kannst nur das werden, was du schon bist.
(Quelle unbekannt)

Der Traum des Schamanen und der Schamanin

Aus den Träumen des Frühlings
wird im Herbst Marmelade gemacht.
Peter Bamm,
deutscher Arzt und Schriftsteller

Im Schamanismus gelangt man über das Träumen in andere Wirklichkeiten und Ebenen. Für das schamanische Träumen ist es wichtig, dass wir uns die Fähigkeit angeeignet haben, über einen Kanal zur kosmischen Quelle persönliche Energie zu gewinnen.

Es besteht ein Zusammenhang zwischen der sexuellen Energie, der persönlichen Vitalität, der Fähigkeit zu heilen und der Fähigkeit zu träumen. Der Schamane leitet seine sexuelle Energie in die oberen Chakren, um kosmische Energie anzuziehen, aufzubauen und zu lenken; diese Energie nutzt er zum Heilen. Yogis arbeiten mit derselben Energie, um Wunder zu vollbringen. Die Aborigines, die australischen Ureinwohner, nutzen diese Energie, wenn es notwendig ist, Hitze in sich aufzubauen, und wenn sie in der Traumzeit wandeln wollen. Für alle geht es darum, über sich selbst hinaus- und in die Unendlichkeit des Seins hineinzuwachsen.

Bei einigen Richtungen des Schamanismus ist der Traum der weiblich-intuitiven, irrationalen Seite des Lebens zugeordnet. Demzufolge ist eine der organischen Entsprechungen des Traumes der weibliche Unterleib und insbesondere der Uterus. In der Gebärmutter entsteht das neue Leben; dort wird das neue Leben empfangen, erschaffen und zur Reife gebracht. Im verborgenen wässrigen Nährboden wird der geistige Samen genährt und gewinnt an Kraft. Traumkraft ist Schöpferkraft und steht in sehr enger Verbindung mit Sexualität und der Fähigkeit, sexuelle Kraft aufzubauen und zu leiten.

Männer, die das Weibliche ehren und dem entsprechenden Wesensanteil in sich Platz eingeräumt haben, sind besonders produktive Träger der Traumkraft. Im Schamanismus ist es wichtig, dass der Mann sich dem weiblichen Teil in sich öffnet, damit er seine Heilträume empfangen und seine Visionen zur Manifestation bringen kann. Die Frau hingegen hat die Aufgabe, ihre weibliche Kraft wieder voll in Besitz zu nehmen und zu heilen, ihr zu vertrauen, damit sie ihre Traumkraft in vollem Umfang entfalten kann.

Erinnern wir uns an die Menschen, die Empfänger heiliger Visionen waren. Um den Kanal zu öffnen, der die Botschaften höherer Ebenen hindurchließ, zogen sie sich oft in die Einsamkeit, in ihr tiefstes Inneres zurück. Typische Rückzugsorte waren Höhlen, die einen See oder eine unterirdische Quelle in sich bargen. Eine solche Stätte steht symbolisch für den Uterus. Dort konnte die Vision in Ruhe empfangen werden und an Kraft gewinnen, sodass sie Wirklichkeit werden konnte.

Träume, die über wahre Kraft verfügen, manifestieren sich in der alltäglichen Wirklichkeit. Das wird noch erleichtert, wenn man lernt, eine Brücke zu schlagen zwischen der Alltagswelt und der Traumwelt. Im Schamanismus gibt es keine wirkliche Trennung zwischen diesen beiden Ebenen. Alles steht im Austausch; so ist es wichtig, etwas mit in die Träume und die Träume wiederum mit in die Wirklichkeit zu nehmen, d. h.,

die Welten miteinander zu verbinden und aneinander auszurichten.
Schamanen finden ihre Kraftgegenstände in der anderen Wirklichkeit und bauen sie in dieser Wirklichkeit genau so nach, wie sie ihnen dort gezeigt worden sind. Manchmal wird uns im Traum von den Spirits ein Gegenstand übergeben, den wir kurz darauf im Leben von irgend jemandem geschenkt bekommen oder irgendwo finden. Dinge aus der Traumzeit gelangen unmittelbar zu uns, was wieder einmal zeigt: Die verschiedenen Wirklichkeiten existieren nicht getrennt voneinander.
Wenn sich die verschiedenen Ebenen überschneiden, nennt man dies im Schamanismus die Verschiebung der zweiten Aufmerksamkeit. Auch bei der heilerischen Tätigkeit wird die Aufmerksamkeit auf die hinter der sichtbaren Form wirkende Energie gelenkt. Diese wird neu ausgerichtet, um Heilung zu erreichen. Alles, was sich manifestiert, geschieht zuerst auf der feinstofflichen Ebene. Wir träumen alles, bevor es geschieht.

Ich weiß, dass Träume nur in Erfüllung gehen, wenn man selbst etwas dafür tut.

Morgan Freeman,
amerikanischer Filmschauspieler

Die Schöpferkraft ehren und etwas darbieten

Lehrt eure Kinder, was wir unsere Kinder lehrten. Die Erde ist unsere Mutter. Was die Erde befällt, befällt auch die Söhne und Töchter der Erde. Denn das wissen wir: Die Erde gehört nicht den Menschen – der Mensch gehört zur Erde. Alles ist miteinander verbunden wie das Blut, das eine Familie vereint.

Häuptling Seattle, nordamerikanischer Indianer

Die geistigen Kräfte zu achten, zu ehren und ihnen zu danken, ist sehr wichtig in der schamanischen Arbeit. Hier geht es um die Verbundenheit mit allem. Wenden wir uns ihnen voller Respekt zu, so gewähren sie uns Einlass, Führung und Schutz in ihrem Reich. Wir stehen in einem ständigen Austausch mit den verschiedensten geistigen Energien. Ob uns ein Ort, ein Mensch, ein Tier, eine Pflanze oder ein anderes Wesen etwas erzählt oder nicht, liegt daran, wie wir mit ihm umgehen und uns ihm nähern. Die Voraussetzungen für die Kontaktaufnahme sind innerer Frieden und die Vereinigung der großen Kräfte in einem selbst.

Eine Technik zur inneren Heilung

Nimm dir etwas Zeit für dich. Werde ruhig, entspanne dich, und finde Frieden in dir.

Stelle dir nun vor, wie du den Deckel zu deinem Unterbewusstsein öffnest. Dort findest du deine Wurzeln. Lenke sie zu der sprudelnden, klaren, nährenden Quelle in deinem Inneren. Von hier aus steigt die Kraft in dir auf und versorgt dich.

Sieh, wie gleißendes Licht bis zu deinen Wurzeln vordringt.

Gehe nun zu der Tür, hinter der deine Ahnfrauen auf dich warten. Öffne die Tür, und sende einen goldenen Segensstrom zu ihnen hinein.

Gehe nun zu der Tür, hinter der deine Ahnherren auf dich warten. Öffne sie, und sende einen goldenen Segensstrom zu ihnen hinein.

Bitte nun auf deine Weise darum, dass du in dir Frieden mit diesen beiden Seiten schließen kannst, und frage, was du der Erde als Opfer anbieten kannst, damit du diesen Frieden findest.

Lege dich auf die Erde. Schließe deine Augen. Fühle, wie die Erde dich trägt – du kannst nicht von ihr hinunterfallen. Nimm das Getragenwerden ganz deutlich wahr.

Bitte, dass man dich zur Mutter Erde führt. Frage sie, was sie von dir braucht, damit das Verhältnis zwischen euch heilen kann. Wenn du eine Botschaft empfangen hast, dann vollziehe symbolisch das nach, was man dir mitgeteilt hat, und sprich dabei: »Frieden sei zwischen uns, jetzt und für alle Zeit.«

Sich in der Natur mit Energie aufladen und Kraft gewinnen

• • • • •

Gott ruht in den Steinen, Gott schläft in den Pflanzen, Gott träumt in den Tieren, und schließlich erwacht er in einem »erleuchteten« Menschen.

nach Rabindranath Tagore,
bengalischer Dichter
und Literatur-Nobelpreisträger

Tief in unserem Inneren gibt es eine Quelle, diese speist alles Lebendige. Es ist die gleiche unsterbliche Seele, die allen Lebewesen innewohnt, sei es Stein, Pflanze, Tier oder Mensch. Wir können uns durch die Kraft der Natur wieder mit der Quelle allen Lebens und der Quelle in uns verbinden, uns aufladen und neue Kraft gewinnen. Je mehr Energie wir zur Verfügung haben, desto klarer wird unser Traumerleben, und desto leichter gelingt es uns, uns in Pflanzen, Bäume, Steine … hineinzuträumen. Dies ist eine wunderbare Vorbereitung für die nächste Übung (in Pflanzen hineinträumen).

Suche dir einen wunderschönen Platz in der Natur, am besten an einem fließenden Gewässer. Bringe der Erde ein Opfer dar (Räucherwerk, Blüten, Brot u. Ä.).
Lege dich mit dem Bauch auf die Erde. Atme verbrauchte Luft tief aus dem Bauch aus, und übergib sie der Erde zur Wandlung.
Schließe deine Augen. Stelle dir nun vor, wie du ein Teil der Natur wirst. Das Wasser fließt durch dich hindurch, trägt alle verbrauchte Energie hinfort und bringt neue Kraft zurück.
Wenn du merkst, dass du am Einschlafen bist, bitte darum, dass sich dieser Prozess im Traum fortsetzt und deine Lebensenergie noch stärker freigesetzt wird. Lass ihn, so lange es notwendig ist, geschehen.
Wenn du wieder wach bist, rolle dich auf den Rücken. Nimm das Sonnenlicht auf. Spüre, wie es jede Zelle und jedes Atom mit Energie versorgt.
Döse noch ein bisschen weiter, und bitte darum, dass dieser Prozess weiter fortgesetzt wird und dass dein Wesenskern zu leuchten beginnt.
Wenn es dann Zeit für dich ist aufzuwachen, strecke dich, und atme tief ein.

Du wirst merken, dass du in den nächsten Tagen mehr Energie zur Verfügung hast. Es kann auch sein, dass deine Wahrnehmung für dich selbst wieder besser wird und du merkst, wie müde du von dem ganzen In-der-Welt-eingebunden-Sein bist. Wiederhole den Vorgang, bis du spürst, dass Energie in dich einfließt. Wenn du dich wieder verbunden hast, kannst du zur nächsten Übung weitergehen.

Sich in eine Pflanze, in einen Ort hineinträumen

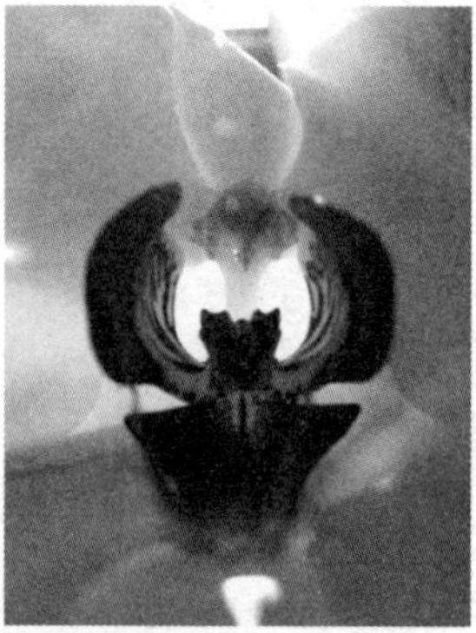

Die Cheyenne reden nicht über Pflanzen, sondern mit ihnen. Die Medizinmänner und Schamanen der Naturvölker öffnen ihr Bewusstsein gegenüber dem Pflanzengeist, der sich in Visionen oder Träumen oder auch über das Träumen zu erkennen geben kann.

Wolf Dieter Storl,
Ethnobotaniker und Kulturanthropologe

Wenn wir in der heiligen Natur lesen wollen, so sollten wir ihr mit Respekt und Achtung gegenübertreten. In ihr lebt die gleiche Seele wie in uns; wir sind miteinander verbunden. So können wir auch mit allem in Kontakt treten und kommunizieren. Viele Medizinmänner/-frauen, Heiler, Schamanen, Schamaninnen treten mit den Geistern der Natur, ob Pflanzen, Tiere, Steine, Elemente, Wetter, Orte, in Kontakt. Ein Weg, mit den Geistern der Natur in Kontakt zu treten, führt durch die Träume. Über das Träumen und das Verschieben unserer zweiten Aufmerksamkeit (indem wir uns auf den Geist in allen Dingen konzentrieren und nicht nur auf die äußere Form) können wir direkt mit Pflanzen in Kontakt treten. Wir träumen uns zu ihnen hin, in sie hinein und bleiben eine Zeit lang mit ihnen zusammen. Dann erzählen sie uns etwas über ihre Kräfte, ihre Heilwirkungen und ihre Anwendungsmöglichkeiten, wenn wir unser Bewusstsein öffnen und ihnen zuhören. Diese Übung ist der erste Schritt. Nimm Buch und Stift mit, und schreibe deine Erfahrungen auf.

Gehe in die Natur. Bitte dort auf deine Weise darum, dass du eine heilende Vision erhältst. Du kannst im Geiste ein Gebet losschicken. Bitte deine innere Führung darum, dich jetzt zu begleiten.

Lasse dich von einem Ort, einer Pflanze rufen. Bitte um die Erlaubnis, dich anzunähern und das Energiefeld zu betreten. Es gibt verschiedene Zeichen, die eine Einwilligung signalisieren: Wohlgerüche, angenehme Gefühle, Wärme, Leichtigkeit, Helligkeit; das Gefühl, sich ausdehnen zu können und zu dürfen. Fehlendes Einverständnis zeigt sich durch Gestank, Kälte, ein Gefühl der Unreinheit, den Wunsch, sich zusammenzuziehen. Erfühle, ob dir Zugang gewährt wird; das ist unbedingt notwendig. Hast du die Zustimmung erhalten, dann suche dir ein Plätzchen, an dem du dich sicher fühlst und wo du dich schlafen legen kannst. Mache es dir dort bequem. Betrachte vor dem Einschlafen deine Umgebung, vielleicht entdeckst du einen Eintrittspunkt ins Träumen – es gibt deren unendlich viele. Verbinde dich mit der Pflanze, dem Tier, dem Platz, und schaue, wo für dich der Eingang ins Reich der Träume liegen kann.

Konzentriere dich auf den Eingang, die Essenz oder die Augen des Wesens, dessen Welt du betreten möchtest. In der Regel beginnt damit ein wechselseitiger Energieaustausch, der auf allen Ebenen spürbar wird. Dies kannst du erst eine Zeit lang mit offenen Augen tun. Wenn du merkst, dass es dich zieht, schließe die Augen.

Erlaube deinem Energiekörper, sich in die gewünschte Form hineinzuzoomen, hineinzureisen und hineinzu-

tauchen. Stelle dir vor, wie ihr euch energetisch auf einander zu bewegt. Döse ein, ohne deine Bewusstheit abzugeben.
Wenn die Zeit um ist, bedanke dich für alles, was du gesehen, gehört, bekommen hast. Zur Bestätigung kannst du um ein Zeichen in der Realität bitten. Komme zurück, und halte danach Ausschau. Schreibe dein Erlebnis auf. So kannst du deine Erfahrungen sammeln. Sofern man die Erlaubnis eines anderen Menschen erhalten hat, funktioniert diese Technik auch, wenn man sich in einen anderen Menschen hineinträumen will.

Hier noch eine Geschichte von Wolf Dieter Storl, dem bekannten Ethnologen, der selbst erfuhr, wie eine Heilpflanze Kontakt zu dem Menschen aufnimmt, der sie gerade braucht:
»Vier Monate lang hatte ich von morgens bis spätabends an der Schreibmaschine gesessen. Kaum war ich mit dem Manuskript fertig, warf mich ein Fieber um, gefolgt von einer schweren Lungenentzündung. In der Nacht erschien mir im Traum ein gelbes Blümchen, freundlich strahlend wie die Sonne. Als ich am nächsten Morgen auf die spätwinterliche Landschaft hinausblickte, entdeckte ich an einer Böschung tatsächlich kleine gelbe Blümchen: Huflattich.«
Er braute sich einen Tee aus den Blüten, und kurze Zeit danach war der Infekt verschwunden.

Ein Kraftobjekt erträumen und in die Wirklichkeit bringen

Heyoha, bringe mir die Kraft, sende mir den Traum,
sende mir die Kraft, Heyoha!
(unbekannte indianische Quelle)

Kraftobjekte sind in Form gebundene, materialisierte Kräfte des Wissens. Die Objekte werden uns von den Geistern und Kräften der Anderswelt geschenkt und können durch eine Zeremonie mit Kraft aufgeladen werden. Derlei Objekte können Schilde, Edelsteine, Federn, Knochen, Krallen, Medizinbündel und -beutel, Stäbe aller Größen und aller Arten, Heildecken etc. sein. Kraftobjekte können uns helfen, verlorene Energie zurückzugewinnen, uns vor Übergriffen schützen, uns Kraft übertragen und uns dabei unterstützen, unerfüllte Sehnsüchte in Bann zu halten. Wir können mit ihnen aber auch anderen Menschen Heilkräfte überbringen. Oft tun wir dies ganz unbewusst: Wir schenken unseren Kindern Kuscheltiere, damit sie sich des Nachts nicht allein fühlen. Wir sagen ihnen, dass der Bär/Hase/Löwe etc. auf sie aufpassen wird, und übertragen unsere Kraft auf den plüschigen Freund, indem wir ihn knuddeln oder dem Kind in die Arme drücken. Das Kind wird tatsächlich mithilfe des Kuscheltiers, das wir ihm aus tiefer Liebe und mit den besten Wünschen geschenkt haben, in unangenehmen Situationen Kraft schöpfen können.

1. Wir können unsere geistige Führung vor dem Einschlafen bitten, uns ein Kraftobjekt zu zeigen, das für uns im

Augenblick von Bedeutung ist, damit wir eine Situation gut überstehen können. Wir können ein Gebet sprechen und für unsere Führung ein Räucherstäbchen anzünden. Es kann sein, dass wir daraufhin einen deutlichen und klaren Traum erhalten; doch ebenso kann es geschehen, dass wir in den nächsten Tagen auf irgendwelchen Wegen einen Gegenstand erhalten.

2. Wir können uns aber auch bewusst in eine Situation hineinträumen und mit unseren Engeln, Meistern, Krafttieren Kontakt aufnehmen, um uns von ihnen den Kraftgegenstand zeigen zu lassen:

   Zünde dazu eine Kerze und ein Räucherstäbchen an. Wenn es dir nicht besonders gut geht und du dich schutzbedürftig fühlst, kannst du einen imaginären Schutzkreis um dich ziehen. Setze dich in die Mitte. Schließe deine Augen, und konzentriere dich auf deinen Atem. Stelle dir nun einen Regenbogen vor. Die Farben, die für dich wichtig sind, lösen sich und umhüllen dich ganz und gar. Dann zieht dich das Licht nach oben. Du stehst vor deiner Führung. Bitte sie, dich jetzt zu dem Kraftobjekt zu führen. Lass es dir genau zeigen. Welche Form hat es? Welche Farben? Welche Besonderheiten? Frage, wo du es finden kannst und wie es dir helfen wird. Komme wieder zurück. Male auf, was für einen Gegenstand du gesehen hast, damit du ihn wiedererkennst, wenn du ihn irgendwo siehst, oder damit du ihn dir basteln kannst.

   Wenn du dein Objekt in Händen hältst, setze dich wieder in einen Schutzkreis. Zünde eine Kerze und ein Räucherstäbchen an, und lasse dich zu deiner Führung bringen.

Zeige dein gebasteltes Kraftobjekt. Bitte darum, dass dieses gebastelte Kraftobjekt mit den Kräften, die es besitzen soll, geladen wird. Schließlich kannst du noch fragen, ob es noch etwas für dich zu tun gibt. Danach sprich ein Gebet. Bedanke dich. Behalte dieses persönliche Kraftobjekt bei dir. Du wirst die Hilfe der darin konzentrierten Kraft in deinem Leben spüren. Es kann sogar in deinen Träumen aktiv wirken. Wenn seine Zeit um ist, löst es sich auf, zerbricht, geht verloren etc.

Die Traumschatulle

Wirf deine Träume in den Raum wie einen Kinderdrachen, und du weißt nicht, was sie zurückbringen werden – ein neues Leben, eine neue Freundin, eine neue Liebe, ein neues Land.

Anaïs Nin,
französische Schriftstellerin

Die Legende von der Traumbox stammt angeblich aus dem alten Lemuria, der mythischen voratlantischen Kultur, wird aber auch vielfach mit Atlantis in Verbindung gebracht. Man sagt, die Arbeit mit der Traumbox helfe, tiefste Herzensträume wahr werden zu lassen. Wenn wir unsere Herzenswünsche mit in den Traum nehmen, sie mit Traumkraft aufladen, dann geht unser höheres Bewusstsein auf Reisen, um Lösungen, Verbindungen und ungeahnte Möglichkeiten zu bringen. Wir geben unseren Wunsch an die Höchste Instanz in uns ab. Viele Lösungen und Wege wurden auf den Traumpfaden des Lebens gefunden. Probiere es selbst aus.

Wünsche können wahr werden.

> Suche dir eine hübsche Schachtel, Dose oder kleine Kiste, oder bastle dir eine. Du kannst sie anmalen und bekleben, außerdem mit Symbolen, Edelsteinen, Muscheln und anderen Dingen, die dir am Herzen liegen, verzieren. Weihe sie, und stelle sie danach neben dein Bett.
>
> Lege die Hände auf dein Herz. Horche in dich hinein, und spüre, was du dir tief in deinem Herzen wünschst. Schreibe diesen Wunsch auf einen Zettel, und lege ihn in deine Traumbox.
>
> Jeden Abend, wenn du ins Bett gehst, nimm deine Traumbox in die Hand, und denke ganz fest an deinen Wunsch. Gib ihn dann mit der Bitte in die Traumwelt ab, dass er in Erfüllung gehen möge. Unsere Träume haben Macht, mit ihrer Hilfe können Wünsche wahr werden. Achte auf deine Traumbilder und Botschaften. Sie werden dich führen. Sei nicht ungeduldig, sondern widme dich dem Wunsch in deiner Traumbox mit Liebe und Hingabe.

Hier ein Erlebnis, das eine meiner Bekannten mit ihrer Traumschatulle hatte:
»Ich hatte meinen Freundschaftsring verloren, der mir sehr viel bedeutete. Ich legte einen Zettel in meine Traumschatulle mit

der Bitte, dass dieser Ring wieder zu mir finden möge. Einige Tage suchte ich vergeblich. Doch jeden Abend vor dem Zubettgehen bat ich um Rat. Nach einigen Tagen sah ich im Traum dann, wie mein Ring unter dem Küchenschrank hervorkullerte und sich direkt vor meine Füße legte. Am nächsten Tag fand ich ihn genau unter dem Schrank.«

Der Traumfänger

Vor langer Zeit gab es eine Frau, deren Kind immer schlecht träumte und davon aufwachte. Sie sah im Traum einen Kreis mit einem Netz – ähnlich dem einer Spinne. Sie webte mit all ihrer Liebe ein Netz für ihr Kind und hängte es über dem schlafenden Kind auf. Von da an war Frieden in der Nacht.

indianische Geschichte, Quelle unbekannt

Der Kreis symbolisiert den ewigen Zyklus des Lebens. Die Form des Kreises ist natürlich und findet sich auf vielen Ebenen der Wirklichkeit wieder. Der Kreis harmonisiert, schützt und zieht Gutes an.

Bei einem Träumfänger werden die schönen Träume durch die Federn am Rand des Kreises nach unten auf den Schlafenden geleitet. Die unangenehmen, wirren Träume fühlen sich von dem Netz angezogen. Dort bleiben sie hängen, bis der Morgen heraufdämmert. Das Licht des Tages und die ersten Sonnenstrahlen lösen die im Netz gefangenen bösen Träume auf. Wenn wir unseren Traumfänger weben, können wir unsere eigenen Träume und Visionen in das Netz hineinflechten, ebenso die guten Gedanken, Wünsche und Kräfte, die wir uns für die Nacht wünschen. Der Traumfänger sollte frei schwingen können; man kann ihn übrigens auch an die Tür hängen, damit der Alltag draußen bleibt. Von Zeit zu Zeit sollte man den Traumfänger mit dem Rauch von weißem Salbei reinigen.

Bedeutung der Objekte, die auf einem Traumfänger angebracht werden

- Federn: Sie sind gute Vermittler von positiven Energien, denn sie kommen von den Vögeln, die als Boten des Himmels, gute Spirits und Mittler zwischen Himmel und Erde gelten.
- Perlen im Netz: Sie sind für die aufgefangenen dunklen Träume gedacht, damit diese etwas zum Spielen haben und abgelenkt sind.
- Kristalle: Klarheit, Wachheit
- Holz: Ruhe, Verwurzelung, Verbundenheit
- Fell: Wärme, Geborgenheit
- Heilsteine: Es zeigt sich die dem jeweiligen Stein entsprechende Wirkung, z. B. Türkis für Schutz und liebevolle Abgrenzung; Hämatit für Blutstillung; Rosenquarz für innige Zuwendung.
- Glöckchen: Schöne Klänge vertreiben negative Energien und schlechte Laune.
- Teile/Figuren/Bilder von Tieren: Sie aktivieren die Fähigkeit und die Kräfte der jeweiligen Tiere.

Wir erträumen unseren Traumfänger

Überlege dir, was du im Traum erfahren willst. Was möchtest du mittels des Träumens erlernen? Zum Beispiel: Heilen, das Erlangen von Kraft, astrales Reisen, Erwachen …

1.

Schließe deine Augen. Döse ein, und erhalte in deinem Bewusstsein das Bild von einem Traumfänger aufrecht. Vielleicht zeigen sich dir Gegenstände aus der Natur, Heilsteine, Krafttiere … Hole deinen geträumten Traumfänger mit in die alltägliche Wirklichkeit herüber:

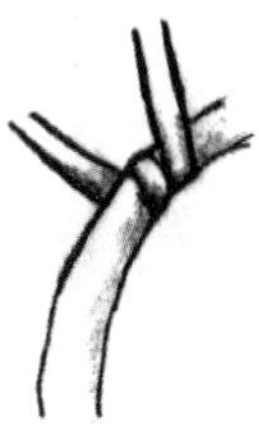

2.

Suche dir einen biegsamen Ast (z.B. von einer Weide). Biege den Ast zu einem Kreis. Du kannst Lederstreifen, Sehnen, Wolle oder Schnur nehmen und den Kreis damit umwickeln, sodass er hält. Umwickle ihn ganz, lass die Enden überlappen, und klebe sie dann fest.

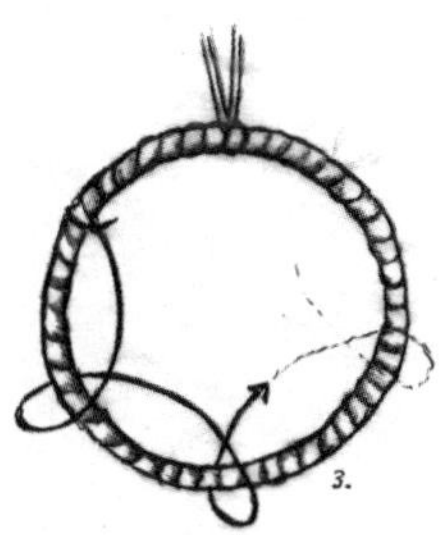

3.

Binde ein Ende der Schnur am Rand fest, und wickle die Schnur, die Sehne, das Band … Spanne die Schnur immer gleichmäßig an, und achte darauf, dass du die Schlaufen immer in dieselbe Richtung machst. Wenn du ein Mal herum bist, beginne in ähnlicher Weise mit der zweiten Reihe.

4.

Du beginnst in der zweiten Reihe, indem du Schlaufen in die Mitte der vorher gespannten Schlaufen einarbeitest. Die Schlaufen werden zur Mitte hin aber immer kleiner. Achte auf das regelmäßige Anspannen. Du kannst nach Belieben Gegenstände, Perlen, Objekte in das Netz, das du gerade webst, einarbeiten. In der letzten Schlaufe, wenn das Netz fertig ist, die Sehne festknoten. Du kannst entweder noch ein Objekt festbinden oder den Rest der Schnur abschneiden.

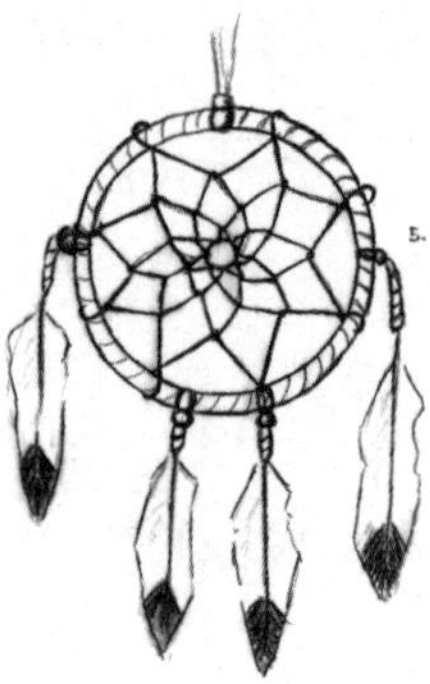

5.

Nun kannst du Federn, Perlen, Steine ... anbringen. Die jeweilige Anzahl und Position ist deiner Vorstellung überlassen.

Wenn du fertig bist, räuchere deinen Traumfänger mit Salbei ab, am besten mit weißem. Lege dir dann deinen Traumfänger aufs Herz. Schließe deine Augen. Bitte die Engel, Spirits und Schutzgeister, diesen Traumfänger zu weihen und zu segnen. Lass über deine Hände Energie in ihn hineinfließen; du wirst es spüren, wenn dies geschehen ist. Hänge deinen Traumfänger freischwingend über dem Bett auf, für das er gedacht ist.

Schlusswort

Ich habe seine Geschöpfe gesehen, meine Brüder, die Tiere, die Vögel, die redenden Flüsse und Winde, die Bäume – alles, was auf der Erde, und alles, was im Universum ist. Ich bin mit den Sternen verwandt. Ich kann sprechen, wenn du zu mir sprichst. Ich werde zuhören, wenn du redest. Ich kann dir helfen, wenn du Hilfe brauchst. Aber verletze mich nicht, denn ich kann fühlen, wie du. Ich habe die Kraft zu heilen, doch du wirst sie erst suchen müssen. Vielleicht denkst du, ich sei bloß ein Felsen, der in der Stille daliegt auf feuchtem Grund. Aber das bin ich nicht, ich bin ein Teil des Lebens, ich lebe, ich helfe denen, die mich achten. Ich bin der Traum, der all dies umschließt. Sieh, ich lebe, ich lebe!

(Quelle unbekannt)

Liebe Leser,

nun sind wir am Ende dieses Buches angelangt. Ich hoffe, ich konnte euch einen kleinen, aber umfassenden Einblick in die Welt des Träumens geben. Es gibt so viele Rituale, Wege und Möglichkeiten, auf den Traumpfaden des Lebens zu wandeln. Jede Reise beginnt mit dem ersten Schritt, so auch die ins Reich der Träume. Wie Don Juan, Carlos Castanedas Lehrer, sagte: Der Traum öffnet die Pforten der Unendlichkeit.

Die Fähigkeit, zu träumen, sich seiner zweiten, geistigen Natur zu öffnen, die Hoffnung, Visionen zu finden und zu halten, ist uns geschenkt worden, damit wir sie anwenden. Sie kann uns zurück in unsere geistige Freiheit führen, Unmögliches möglich machen und uns den Zugang zu einem komplett neuen Potenzial in uns eröffnen. Beim Träumen können wir die Ver-

bundenheit mit allem erfahren und die Möglichkeiten, die wir haben. Dort erobern wir uns das holographische oder holistische (ganzheitliche) Weltbild zurück, das von der Einheit alles Seienden ausgeht. Das Schlafen, das Träumen, ist nicht getrennt von der Wirklichkeit. Es gehört zu ihr, pulsiert durch sie. Es lohnt sich, die Teile zusammenzufügen, sie Hand in Hand wirken zu lassen und sich wieder zu wundern.
Öffnen wir uns dem Wunder des Lebens, dem Wunder, das durch das Träumen zu uns gelangen kann. Wenden wir uns unseren Träumen zu, denn in ihrem Inneren liegt alles, was wir wissen müssen, was wir brauchen und was wir erfahren sollten, um unser ureigenes Potenzial zur Entfaltung zu bringen.

Ich habe viele Prophezeiungen gehört und gelesen. Darunter viele der Naturvölker. Sie alle sahen eine Zeit der Entzweiung, des Kampfes, voraus, aber auch eine Wiederkehr der Einheit von allem. Was mich am meisten beeindruckte: In keiner Vorhersage findet sich die Ankündigung von Rache, Wiedergutmachung oder ähnlichem, sondern nur die Ankündigung von Frieden, einer universellen Gemeinschaft und Freiheit. Wenn der lebendige Geist zurückkehrt und jeder Mensch den ihm gebührenden Platz einnimmt und seinen ureigenen Ton singt, dann werden sich die Klänge miteinander verknüpfen, und das Lied der Gemeinschaft wird wieder erklingen.
Es gibt nichts Schöneres, als an der Schöpfung teilzuhaben, die Verbundenheit zu allem Lebenden zu fühlen und die unbegrenzten Möglichkeiten zu nutzen, die uns gegeben sind, um die Welt in uns lichtvoll zu wandeln und damit auch das, was unmittelbar in unserem Einflussbereich liegt.

Ein neuer Tag bricht an für die Welt.
Gleich einer langen, mühsamen, dunklen Nacht
vergeht die alte Epoche.
Sie entschwindet in die Vergangenheit der Zeit und weicht
dem neuen Zeitalter einer sonnendurchfluteten Kultur.
Omraam Mikhael Aivanhov,
mazedonischer Weisheitslehrer

Träumen wir uns in die Zukunft, und wahren wir unsere Vision von Glück, Frieden, Liebe, Freundschaft …, damit sie Wirklichkeit werden kann. In euch, liebe Leser, liegt der neue Samen, die Vision; ihr seid aufgerufen, ihr zu folgen.

Gib zu, du liebst die Hoffnung mehr als die Wahrheit!
Dann besteht noch Hoffnung.
Irgendwann ist die Hoffnung nicht mehr,
weil sie wahr geworden ist.
(Quelle unbekannt)

Mögen der Segen und die guten Kräfte allzeit mit euch sein. Mögen die Liebe und die Weisheit in euch euch auf allen euren Wegen führen.

Jeanne Ruland

Quellennachweis

Bächtold-Sträubli, Hanns (Hrsg.): Handwörterbuch des deutschen Aberglaubens. Berlin 1987

Bibel, Einheitsübersetzung. Freiburg 1980

Brennan, James H.: Astral-Projektionen. Freiburg 1989

Browne, Sylvia: Das Buch der Träume. München 2003

Brücke zur Freiheit e.V.: Die Lichtstätten der Großen Weißen Bruderschaft. Berlin 2002

Castaneda, Carlos: Die Kunst des Träumens. Frankfurt 1994

Cotterell, Arthur: Die Enzyklopädie der Mythologie. Reichelsheim 1999

Das Superbuch der Traumdeutung. München 2003

Franz, Marie-Louise von: Traum und Tod. München 1984

Golowin, Sergius: Drache, Einhorn, Osterhase. Basel 1994

Grimm, Jacob: Deutsche Mythologie. Göttingen 1835

Jung, C. G.: Der Mensch und seine Symbole. Olten 1980

Kaiguo, Chen & Shunchao, Zheng: Der Meister vom Drachentor. München 2000

Kenneth, Johnson: Die Weisheit des Jaguars. München 1997

Knaurs Lexikon der Mythologie. München 1989

Lambert, David: Der Kosmos Tieratlas. Stuttgart 1992

Marx, Helma (Hrsg.): Das Buch der Mythen. München 1999

Meadows, Kenneth: Das Naturhoroskop. München 1990

Miers, Horst E.: Lexikon des Geheimwissens. München 1993

Muldoon, Sylvan J./Carrington, Hereward: Die Aussendung des Astralkörpers. Freiburg 1986

Monroe, Robert: Über die Schwelle des Irdischen hinaus. München 2002

Redfield, James: Das Buch von Celestine. München 1995

Ruland, Jeanne: Das große Buch der Engel. Darmstadt 2000

Sun Bear, Wabun Wind & Mulligan, Crysalis: Das Medizinrad Praxisbuch. München 1993
Tunneshende, Merilyn: Der Geist der Regenbogenschlange. München 2000
Vaughan-Lee, Llewellyn: Spirituelle Traumarbeit. München 1990
Wabun Wind & Anderson, Reed: Die Macht der heiligen Steine. München 1989
Waelti, Ernst R.: Der dritte Kreis des Wissens. Schweiz 1983
Waters, Frank: Das Buch der Hopi. München 1980
Wilson Schaef, Anne: Botschaft der Urvölker. Fulda 1996
Zeichen und Symbole. Köln 2000
Zolbrod, Paul G.: Auf dem Weg des Regenbogens. München 1988
Zumstein, Carlos: Der schamanische Weg des Träumens. München 2003

Über die Autorin

Jeanne Ruland ist Mutter von drei Kindern, Flugbegleiterin, Buchautorin mit langjähriger schamanischer und metaphysischer Ausbildung, Huna-Lehrerin und anerkannte Heilerin im Dachverband Geistiges Heilen. Mittlerweile kann sie auf einen reichen Erfahrungsschatz im Umgang mit den geistigen Kräften zurückgreifen, die im Kern alle zur Einheit, zu Gott, zur Quelle, zum Selbst führen. Durch ihre vielen Reisen ist sie mit zahlreichen spirituellen Meistern und Kräften in Verbindung getreten und hat verschiedene Ausbildungen absolviert. Der Weg begann mit Raja-Yoga und Kriya-Yoga nach Babaji und Yogananda und führte dann über eine dreijährige alchemistische Ausbildung weiter nach Amerika. Dort lebte die Autorin eine Zeit lang und wurde in der Meister- und Engellehre nach Elisabeth Claire Prophet und in der Energieheilung nach Barbara Ann Brennan ausgebildet. Auf einem ihrer Flüge Richtung Vancouver lernte sie einen aus Kanada stammenden indianischen Schamanen kennen, der sie zu sich einlud. Sie absolvierte eine schamanische Ausbildung, zum Teil nach Michael Harner, und lernte bei unterschiedlichen indianischen Lehrern in Amerika und in Deutschland. Sie begann im Jahr 2000 mit der Autoren- und Seminartätigkeit.

Weitere Informationen unter: www.shantila.de